“ධම්මෝ හි වාසෙට්ඨා, සෙට්ඨෝ ජනේතස්මිං
දිට්ඨේ චේව ධම්මේ, අභිසම්පරායේ ච.”

වාසෙට්ඨයෙනි, මෙලොවෙහි ත්, පරලොවෙහි ත්
ජනයා අතර ධර්මය ම ශ්‍රේෂ්ඨ වෙයි !

- අග්ගඤ්ඤ සූත්‍රය - භාගයවත් බුදුරජාණන් වහන්සේ

චතුරාර්ය සත්‍යාවබෝධයට ධර්ම දේශනා

මොකක්ද මේ ක්ෂණ සම්පත්තිය?

පූජ්‍ය කිරිබත්ගොඩ ඤාණානන්ද ස්වාමීන් වහන්සේ

© සියලුම හිමිකම් ඇවිරිණි.

ISBN : 978-955-687-079-4

ප්‍රථම මුද්‍රණය : ශ්‍රී බු.ව. 2559 ක් වූ මැදින් මස පුන් පොහෝ දින

සම්පාදනය : මහමෙව්නාව භාවනා අසපුව
වඩුවාව, යටිගල්ඔළුව, පොල්ගහවෙල.
දුර : 037 2244602
info@mahamevnawa.lk | www.mahamevnawa.lk

පරිගණක අකුරු සැකසුම, පිටකවර නිර්මාණය සහ ප්‍රකාශනය :
මහාමේඝ ප්‍රකාශකයෝ
වඩුවාව, යටිගල්ඔළුව, පොල්ගහවෙල.
දුර : 037 2053300, 0773216685
mahameghapublishers@gmail.com

මුද්‍රණය : ලීඩ්ස් ග්‍රැෆික්ස් (පුද්.) සමාගම,
අංක 356 E, පන්නිපිටිය පාර, තලවතුගොඩ.

චතුරාර්ය සත්‍යාවබෝධයට ධර්ම දේශනා....

මොකක්ද මේ ක්ෂණ සම්පත්තිය ?

අලුත් දහම් වැඩසටහන

9

පූජ්‍ය කිරිබත්ගොඩ ඤාණානන්ද ස්වාමීන් වහන්සේ
විසින් පොල්ගහවෙල මහමෙව්නාව භාවනා අසපුවේ අලුත් දහම් වැඩසටහනේ දී සිදු කළ ධර්ම දේශනා ඇසුරිනි.

මහාමේඝ
MAHAMEGHA

ප්‍රකාශනයකි

පෙළගැස්ම....

නමෝ තස්ස භගවතෝ අරහතෝ සම්මාසම්බුද්ධස්ස
ඒ භාග්‍යවත් අර්හත් සම්මා සම්බුදුරජාණන් වහන්සේට නමස්කාර වේවා!

උදේ වරුවේ ධර්ම දේශනය...

ශ්‍රද්ධාවන්ත පින්වත්නි,

අපි මේ අලුත් දහම් වැඩසටහනේදී මෙතෙක් කල් ඉගෙන ගත්තේ බුදුරජාණන් වහන්සේ වදාළ පටිච්චසමුප්පාද ධර්මය ගැනයි. ඒ පටිච්ච සමුප්පාද ධර්මය අපි විස්තර වශයෙන් ඉගෙන ගත්තා. ඒ විදිහට විස්තර වශයෙන් ඉගෙන ගත්තු පටිච්ච සමුප්පාද ධර්මය ඔබේ පහසුව පිණිස නැවත නැවත කියවන්න පුළුවන් ආකාරයට පොත් වලටත් ගත්තා. මම පවා ඒ පොත් නිතර කියවනවා. නිතර නිතර කියවන්නේ නැතුව ඒ දහම් කරුණු හිතට යන්නේ නෑ.

රාගය ඇතිවෙන කාරණයක් නම් ඒක ඉක්මනට අපේ හිතේ පැලපදියම් වෙනවා. ද්වේශය, තරහ, ගැටීම ඉක්මනට සිත වැළඳගන්නවා. මෝඩකම්, මුළාව, රැවටිල්ල ඉක්මනට සිතේ පැලපදියම් වෙනවා. නමුත් එබඳු වේගයකින් අපට ධර්මය අවබෝධ වෙන්නේ නෑ. ඒ නිසා අපට මේ ධර්මය නැවත නැවත මහන්සියෙන්

ඉගෙන ගන්ට වෙනවා. එහෙම නොවුනොත් ධර්මය සිතේ පිහිටන්නේ නැතුව යනවා.

දුර්ලභ වූ ක්ෂණ සම්පත්තිය....

අපිට මේ ධර්මය අහන්න ලැබුනේ මේ ආත්මයේ අපි මනුස්සයන් වෙලා උපන්න නිසයි. මනුස්ස ආත්මයේ උපන්න හැමෝට ම බුදු කෙනෙකුගේ ධර්මයක් අහන්න ලැබෙන්නේ නෑ. බුදු කෙනෙකුගේ ධර්මයක් අහන්න ලැබුනත් පිළිවෙළකට ඉගෙන ගන්න ලැබෙන්නේ නෑ. අපිට දැන් බුදු කෙනෙකුගේ ධර්මය පැහැදිලිව පිළිවෙළකට ඉගෙන ගන්න ලැබෙනවා. ඒක නැවත නැවතත් අහන්න ලැබෙනවා. ඒ වගේම ඒ ධර්මයට අනුකූලව මෙනෙහි කරලා, සිත පහදවාගෙන වාසය කරන්න පුළුවන් පරිසරයක ඉන්නත් ලැබිලා තියෙනවා. මේ ඔක්කොම කරුණු එකතු වුනහම කියනවා ක්ෂණ සම්පත්තිය කියලා.

මේ ක්ෂණ සම්පත්තිය කෙනෙකුට ලැබෙන්නේ ඉතාමත් කලාතුරකින්. ඔබ මරණයට පත්වෙලා මොකක්හරි ඔබේ දුර්වලකමකින් ඔබ ප්‍රේතයෙක් වෙලා උපන්නොත් මේ අවස්ථාව ආයෙ ලැබෙන්නෙ නෑ. ඔබ මරණයට පත්වෙලා සතුන් අතර ගිහින් උපන්නොත් මේ අවස්ථාව නැවත ලැබෙන්නෙ නෑ. පෙර ආත්මෙක මොකක්හරි කර්මයක් තවම අපිට විපාක නොදී තිබිලා, මරණාසන්නයේ දී ඒක ඉස්මතු වෙලා අපි නිරයේ ගියොත් ආයෙ අවස්ථාවක් ලැබෙන්නෙ නෑ. මේ නිසා අපට සසරේ කිසිම වාසියක් නෑ.

සක්විති රජ වුනත් වැඩක් නෑ....

අපි ගමු කෙනෙක් නොයේක් ආත්මවල බොහෝ පින් කර කර, පින් කර කර ගිහින් මහාපුරුෂ ලක්ෂණ තිස් දෙකක් ඇතුව සක්විති රජෙක් වෙනවා. ඒ සක්විති රජ්ජුරුවෝ ධාර්මිකව රාජ්‍යය පාලනය කරලා ඊළඟ ආත්මේ දිව්‍ය ලෝකයේ උපදිනවා. ඒක අනිවාර්ය දෙයක්. හැබැයි චතුරාර්ය සත්‍ය අවබෝධ නොකළ නිසා ඒ දිව්‍ය ලෝකයෙන් චුත වුනාට පස්සේ අපරාපරිය වේදනීය කර්ම විපාකයක් ඇවිල්ලා නිරයේ යන්න පුළුවන්. තිරිසන් ලෝකෙට යන්න පුළුවන්. ප්‍රේත ලෝකෙට යන්නත් පුළුවන්. එතකොට අර ඔක්කෝම කෙහෙල් ගහක් පතුරු ගැහුවා වගේ මුකුත් නෑ.

ඒ නිසා මේ දැනට ලැබිලා තියෙන ටිකෙන් ඔබ රැවටෙන්න එපා දැන් අපි සම්පූර්ණයි කියලා. ඒක ප්‍රමාදයක්. ඒක මුළාවක්. ප්‍රමාදයට මුළාවට වඩා අපට වටින්නේ ඇත්ත ස්වභාවය ඒ විදිහට ම දැනගන්න එකයි. සසරේ සැබෑ ස්වභාවය වෙනම තිබෙද්දී අපි වෙනින් එකක් හිතේ මවාගෙන, ඒකට රැවටිලා සිටීමෙන් කිසිම වාසියක් නෑ. වාසිය තියෙන්නේ ඇත්ත ස්වභාවය හොඳට තේරුම් අරන් සිටීමෙනුයි. ඇත්ත ස්වභාවය එබඳු නිසා තමයි මෑත කාලේ දිගටම මං කිව්වේ කොහොමහරි ඊළඟ ආත්මේ දෙවියන් අතරට යාගනින් කියලා. මොකද හේතුව අපට මේ ආත්මේ චතුරාර්ය සත්‍ය ධර්මය අවබෝධ කරගන්න බැරිවෙන්න පුළුවන්. අපට මේ ආත්මේ සෝවාන් ඵලයට පත්වෙන්න බැරිවෙන්න පුළුවන්. එහෙම බැරිවෙන්න හේතුව තියෙන්නේ බාහිර නෙමෙයි, තමන් තුළයි.

පරිසරය මතයි කර්මය විපාක දෙන්නේ....

ඇයි එකපාරට ම අපේ හිතේ ගැටීම ඇතිවෙනවනේ. අපේ හිතේ එකපාරට ම නොයෙක් ඇල්මවල් ඇතිවෙනවනේ. අපේ හිත එකපාරට ම මුළාවට පත්වෙනවනේ. ඒ අවස්ථාවේ අපි මාර්ගයෙන් බැහැරවනේ ඉන්නේ. එබඳු අවස්ථාවක් අපි දිගටම පැවැත්වුවොත් පරිසරය හැදිච්ච ගමන් කර්මය විපාක දෙනවා. පරිසරය මතයි කර්මය විපාක දෙන්නේ. ඒකයි බුදුරජාණන් වහන්සේ වදාළේ **කම්මවිපාකෝ අචින්තියෝ** කර්මය විපාක දෙන ආකාරය අචින්ත්‍යයි කියලා. ඒ නිසා මේ සසර ගමන කියන්නේ විශ්වාස කටයුතු, දිගින් දිගට ම ආරක්ෂාවක් තියෙන, පිළිසරණක් තියෙන දෙයක් නෙමෙයි.

විවරණ ලැබූ අයටත් වෙන දේ....

දැන් බලන්න හිතලා අපගේ මහාමොග්ගල්ලාන මහරහතන් වහන්සේ පදුමුත්තර කියන බුදුරජාණන් වහන්සේගෙන් එක් අසංඛෙය්‍ය කල්ප ලක්ෂයකට පෙර විවරණ ලැබුවා "මෙයින් අසංඛෙය්‍ය කල්ප ලක්ෂයකට පස්සේ ගෞතම නමින් බුදුකෙනෙක් පහළ වෙනවා. ඒ බුදුරජාණන් වහන්සේගේ ඉර්ධිබලලාභී අග්‍රශ්‍රාවකයා වෙන්නේ මේ තැනැත්තාය" කියලා. ඒ විදිහට විවරණ ලබාගෙන පාරමී ධර්මයන් පුර පුර යන කෙනා එක්තරා ආත්ම භාවයක මනුස්ස ලෝකෙ එක ගෙදරක පවුලේ එකම දරුවා වෙලා උපන්නා.

ඒ අම්මයි තාත්තයි අන්ධයි. මෙයා ඉතින් අම්මා තාත්තාට සලකනවා කියලා අධිෂ්ඨාන කරගත්තා.

කසාදයක් ගැන කල්පනා කළේ නෑ. පුතාට කසාදයක් කරලා දෙන්න දැඩි ඕනකම තිබුනේ අම්මට. අම්මා බැලුවා මේ දරුවා අපි දෙන්නට ම සලකගෙන ඉන්නවා. මේ ළමයට යන කලදසාවක් තියෙන්න ඕනෙ අපි දෙන්නා මළාට පස්සේ. ඒ නිසා මේ ළමයට හොඳ තැනකින් කසාදයක් බන්දලා දෙන්න ඕනෙ කියලා.

සිතූ දේ නොම වේ.... නොසිතූ දෙය ම සිදුවේ....

ඊට පස්සේ හොඳ ගෑණු ළමයෙක් ගැන හොයලා බලලා පුතාට කිව්වා 'පුතේ මෙන්න මෙහෙම කෙල්ලක් ඉන්නවා' කියලා. පුතා ඒ ගෑණු ළමයට කැමති වුනේ නෑ. එතකොට අම්මා වැඩි හොඳට ඒ ගෑණු ළමයා ගාවට ගිහිල්ලා කිව්වා 'දුවේ.... අපේ පුතා කසාද බඳින්න කැමති නෑ අපිට සලකන්න ඕනෙ නිසා. ඒ නිසා අපිට හොඳට සලකලා මේ ළමයගෙ හිත දිනාගනින්' කිව්වා. ඊට පස්සේ අර ගෑණු ළමයා දෙමව්පියන්ට ආදරයෙන් සලකනකොට පුතාගෙ හිත ටික ටික පැහැදිලා කසාදෙට කැමති වුනා. සංසාරේ ස්වභාවය තමයි **අචින්ති තම්පි භවති.** නොසිතූ දේ ම වෙනවා. **චින්ති තම්පි විනස්සති.** සිතූ දේ විනාශ වෙනවා. ඒක තමයි මේ සසරේ ස්වභාවය.

ඉතින් මේ දෙන්නා විවාහ වෙලා ටික කාලයක් යද්දී අර ලේලිගේ තිබ්බ්ච නපුරු ගති මතු වෙවී ආවා. දැන් ඒ ලේලි මොකද කරන්නේ අර පුතා වැඩට ගියාට පස්සේ ගෙවල් දොරවල් හැඩි කරලා, හැමතැනම කෑම විසුරවලා, ඇඳුම් විසුරවලා, තව තැනක චූ කරපු රෙදි දාලා අරයා ගෙදර එනකොට අඬ අඬා ඉන්නවා. ඇයි කියලා ඇහුවහම 'මේ බලන්න ඔයාගෙ අම්මයි තාත්තයි

කරන දේවල්' කියලා කියනවා. ඔහොම කරලා ටික ටික අර පුත්‍රයා තුළ තිබිච්ච මාතෘ පීතෘ ස්නේහය නැතිකරලා දැම්මා. මේ පාරමීධර්ම පුරපු කෙනෙක්.

ආනන්තරිය පාපකර්මයක් කරගත්තා....

මේ පුතා දැන් දෙලොවක් අතරේ අතරමං වෙලා කල්පනා කළා මං දෙමව්පියන්ගේ පැත්ත ගන්නවද, බිරිඳ පැත්ත ගන්නවද? කියලා. අන්තිමට කොහොමහරි කරුණු යෙදිලා මෙයා බිරිඳ පැත්ත ගත්තා. ඊටපස්සේ බිරිඳගෙන් ඇහුවා 'හා.... දැන් කියන්න මං මොකක්ද මේකට කරන්න ඕනෙ?' 'මොනව කරන්නද.... දෙන්නවම මරාපං' කිව්වා. අම්මා තාත්තා නිසා පිටස්තර කෙනෙකුට ඕඩරේ දෙන්නත් බෑ. මේ දෙන්න ම මරන්න තීරණය කළා. 'අම්මේ...... අපි යමු නෑදෑ ගමනක්' කියලා කරත්තෙක දාගෙන කැලෑව ප්‍රදේශයට එක්කගෙන ගියා.

අම්මටයි තාත්තටයි දෙන්නට ම ඇස් පේන්නෙ නෑනේ. කැලෑව ප්‍රදේශයට ගිහිල්ලා මේ දෙන්නා එකපාරට ම කෑගහන්න ගත්තා 'අනේ අම්මේ..... මෙන්න හොරු ඇවිල්ලා අපිව මරන්න යන්නේ.....' කියලා. එතකොට ඒ අම්මයි තාත්තයි කෑගහලා කියනවා 'අනේ සොරුනේ.... අපිව මරාපල්ලා. අපේ දරුවන්ව නම් මරන්න එපා....' කියලා. එහෙම කියද්දී මේ පුතා බිරිඳත් එක්ක එකතු වෙලා හොරු ගහන විදිහට පොලු වලින් ගහලා අම්මවයි තාත්තවයි මැරුවා. පාරමී ධර්ම පුරාගෙන යන එක්කෙනාට වෙච්ච දේ. ඊළඟ ආත්මේ කල්පයක් නිරයේ. ඒ කර්මය අපරාපරිය වේදනීය කර්ම විපාකයක් විදිහට පිරිනිවන් පානකම් ම පස්සෙන් ආවා.

කකුසඳ බුදුන් කල දූසී මරු වී....

ඊළඟට උන්වහන්සේ ම මේ මහා භද්‍ර කල්පයේ කකුසඳ බුදුරජාණන් වහන්සේ ගේ කාලේ දූසී මාරයා වෙලා මාර තනතුරේ උපන්නා. දවසක් ළමයෙකුට වැහිලා කකුසඳ බුදුරජාණන් වහන්සේගේ අග්‍රශ්‍රාවක වූ විදුර මහරහතන් වහන්සේගේ හිසට ගලකින් ගහලා එතනින් චුතවෙල ආයෙත් නිරයේ ගියා. එතකොට බලන්න මහාමොග්ගල්ලාන මහරහතන් වහන්සේ වගේ මහෝත්තමයෙක් පෙරුම්දම් පුරාගෙන යද්දී එබඳු අකරතැබ්බයන්ට මූණ දිදී නම් ගියේ, එබඳු ආකාරයට ආනන්තරිය පාපකර්ම තමන්ගේ අතින් වෙවී, නිරයේ වැටි වැටී නම් ගියේ අපි බේරෙන්නේ කොහොමද?

අපි කවුරුවත් කලින් ආත්මෙක බුදු කෙනෙක් හම්බ වෙලා විවරණ ලැබුවා කියලා මතකයක් තියෙනවද? මේ ස්වභාවය මත සසර ම වැළඳගන්නවා මිසක්, දුක ම වැළඳගන්නවා මිසක් ලෝකසත්වයාට වෙන විකල්පයක් නෑ. ඉතින් එබඳු පරිසරයක තමයි ඒ අනතුරින් අපිව මුදවන ධර්මය අපි මේ ඉගෙන ගන්නේ. ඒ පාරිසරික සාධක හඳුනාගත්තේ නැත්නම් ඒ කෙනා ප්‍රඥාවෙන් තොර කෙනෙක්. ප්‍රඥාවෙන් තොර කෙනෙකුට ධර්මය පිහිටන්නේ නෑ. ධර්මය පිහිටන්න නම් නුවණින් කල්පනා කිරීමේ හැකියාවක් තිබිය යුතුමයි. ධර්මය කොච්චර කටපාඩම් කළත් මතකයක් විතරක් තියෙයි. එතනින් එහා දෙයක් වෙන්නේ නෑ.

කෙලෙස් වලට අනුව පෙරලෙන හිත....

තමන්ගේ හිතේ කෙලෙස් වලින් තමන්ව එහාට මෙහාට පෙරලනකොට ඒ කෙලෙස් වලට අනුව හිත

පෙරලි පෙරලි යයි. ඊට එහා යමක් වෙන්නේ නෑ. දැන් මට මේවා පැහැදිලි කරන්නෙ නැතුව ඔබට සුභ සිහිනයක් මවලාදෙන්න බැරිද? 'ඔබ දැන් බොහෝ කලක් තිස්සේ මහමෙව්නාවට ආවා.... ධර්මය ඉගෙන ගත්තා..... දැන් භය වෙන්න එපා.... මාර්ගයට වැටිලා ඉන්නේ....' කියලා සුභ සිහිනයක් මවලා දෙන්න බැරිද? එහෙම මවලා දුන්නහම ඔබ මුළාවෙන්නෙත් නැද්ද? මුළාවෙනවා. එහෙම කරන්න පුළුවන්.

දැන් ඔය ලෝකෙ හැමතැනම කරන්නෙත් ඒකනේ. ඒක මනුෂ්‍යයන්ට ආදරේ ඇති කෙනෙක් කළයුතු එකක් නෙමෙයි. කළයුතු දේ තමයි සත්‍යය තත්වය පැහැදිලි කොට දීම. ඇත්ත ස්වභාවය හෙළිදරව් කිරීම. එතකොටයි කෙලෙස් වලට අනුව පෙරලෙන හිත හඳුනගන්න පුළුවන් වෙන්නෙත්, ඒ ගැන භය හටගන්නෙත්. නැත්නම් භයක් හටගන්නේ නෑ. ඇයි අපේ හිත ඒකට පුරුදු වෙලානේ තියෙන්නේ. අපි පෙර ආත්මවල නිරයේ ගියපු අයනේ. ප්‍රේත ලෝකෙ ගියපු අයනේ. තිරිසන් අපායේ හිටපු අයනේ. අසුරයෝ වෙලා හිටපු අයනේ. පුරුදු තැනටම යන එකනේ හිතේ ස්වභාවය.

ක්ෂණ සම්පත්තිය ලැබෙන්නේ පෙර පිනෙන්....

යාන්තම් තමයි මේ ආත්මේ බේරිලා මනුස්ස ආත්මෙකට මේ ඇවිල්ලා ඉන්නේ. මේක අපිට උපනුපන් ආත්මයක් පාසා ලැබෙන දෙයක් නෙමෙයි. උපනුපන් ජාති නොලැබෙන කලාතුරකින් මනුස්සයෙකුට ලැබෙන දෙයක් ක්ෂණ සම්පත්තිය කියන්නේ. පැවිදි වුනා කියලත්

හැමෝට ම ලැබෙන්නේ නෑ. මහමෙව්නාවේ පැවිදි වුනත් ලැබෙන්නේ නෑ. ඒක කලාතුරකින් කෙනෙකුට ලැබෙන එකක්. ඒක තමන්ගෙ ම පිනෙන් ලැබෙන එකක්. තමන්ට පිනක් තියෙන්න ඕනෙ මේ පරිසරයේ තියෙන බැරෑරුම්කම තේරුම් ගන්න. ඇයි මේ පරිසරය තුළ බුදුකෙනෙක් නෑ. රහතන් වහන්සේලා නෑ. ඊළඟට දැන් තියෙන්නේ සම්බුදු බලය යටපත් කරගෙන මාර බලය ඉස්මතු වෙච්ච පරිසරයක්. මේ පරිසරය මත තමන් කලබල නොවී, තමන් මේ අවස්ථාව අඳුනාගෙන, මේකේ ප්‍රයෝජනය ගන්න ඕනෙ කියන ප්‍රඥාව තමන්ට තියෙන්න ඕනෙ.

තමන්ට පිළිසරණ තමා ම යි....

ඒ ප්‍රඥාව නොතිබුනොත් තමන් ප්‍රමාද වෙනකොට ඒ ප්‍රමාදයෙන් තමන්ව ගොඩගන්න තමන්ට හැකියාව නැතුව යනවා. ඇයි ප්‍රමාදයට වැටෙන්න නේ පරිසරය හැම තිස්සෙ ම තියෙන්නේ. බුද්ධ දේශනාවේ තියෙනවා **අත්තා හි අත්තනෝ නාථෝ** තමන්මයි තමන්ගේ පිළිසරණ සදාගත යුත්තා. **කෝ හි නාථෝ පරෝ සියා** පිළිසරණකට පිටස්තරයෙක් කොහෙන්ද ඉන්නේ. **අත්තනා'ව සුදන්තේන** තමාව මනාකොට දමනය කරගත්තොත් **නාථං ලභති දුල්ලභං** තමන් ම දුර්ලභ පිළිසරණ ලබනවා. එහෙනම් මේක තමන්ගේ අතේ තියෙන එකක්.

අනිත් ආගම් වල කියන්නේ එහෙම නෙමෙයිනේ. 'මේක තියෙන්නේ දෙවියන් ගේ අතේ. තමන්ට කරන්න දෙයක් නෑ. දෙවියන්ගෙන් ඉල්ලන්නයි තියෙන්නේ. දෙවියන්ටයි මේක කරන්න පුළුවන්. උඹට කරන්න මොකෝවත් නෑ. දෙවියන්ගෙන් ඉල්ලා හිටපං.' කියලා.

හින්දු ආගමේ උගන්වන්නෙත් එහෙමයි. අනිත් ආගම් වල උගන්නන්නෙත් එහෙමයි. එබඳු ලෝකෙක තමයි බුදුරජාණන් වහන්සේ දේශනා කළේ මේක තම තමන් විසින් කරගත යුතු දෙයක් කියලා.

ගුණධර්ම ඇතිකරගැනීම හිතන තරම් ලේසි නෑ....

එතකොට තමන්ගේ පැත්තෙන් කරගන්න තියෙන දේ ගැන තමන් මුකුත් දන්නෙ නැත්නම්, තමන්ට ඒ ගැන වැටහීමකුත් නැත්නම්, තමන් ඒ ගැන අවධානයක් යොමු කරලත් නැත්නම්, තමන්ට ඕනකමකුත් නැත්නම්, පරණ සසර විතරයි තමන්ට ඉතුරු වෙන්නේ. තමන්ගේ ජීවිතේට කිසි වෙනසක් ඇතිවෙන්නේ නෑ. ගුණධර්ම වල හිත පිහිටුවාගෙන ධර්මයේ යන එක අපි හිතන තරම් ලේසි නෑ. මේකට අඬලා වැඩක් නෑ. ඇඬුවා කියලා වෙනස් වෙන්නේ නෑ. සුසුම් හෙළලා වැඩක් නෑ. සුසුම් හෙලුවා කියලා වෙනස් වෙන්නේ නෑ. කලබල වෙලා වැඩක් නෑ. කලබල වුනා කියලා වෙනස් වෙන්නේ නෑ.

එකම දේ සිහිය උපද්දවගැනිල්ල ම යි. සිහිය උපද්දවාගන්න ඕනෙ තමන්ට මේ ලැබිච්ච අවස්ථාව ගැන. මේ අවස්ථාව තමන්ට ලැබුනේ බලාපොරොත්තු නැති අවස්ථාවක. තමන් හිතුවේ නැනේ චතුරාර්ය සත්‍යය ගැන මෙහෙම විස්තර වශයෙන් අහන්න ලැබෙයි කියලා. එහෙමනම් ක්ෂණ සම්පත්තිය කියන එක බලාපොරොත්තු නැති වෙලාවක ලැබෙන එකක්. හිතපු නැති වෙලාවක ලැබෙන එකක්. තුන් හිතකින්වත් හිතපු නැති වෙලාවක ලැබෙන එකක්. මේ ක්ෂණ සම්පත්තිය

හරියට හඳුනා නොගත්තොත් ආයෙ පරිසරයට ගොදුරු වෙනවා. පරිසරයට ගොදුරු වෙන එක හිතේ ස්වභාවයයි.

පරිසරයට ගොදුරු වෙන හැටි....

දැන් මම ඔබට ජාතිවාදය ඇවිස්සෙන විදිහට බරපතල විදිහට කරුණු දක්ව දක්වා කතා කළොත් ඔබ ඇවිස්සෙයි ද නැද්ද? ඇවිස්සෙනවා. අපිට මෙහෙමයි වුනේ.... මෙහෙමයි වුනේ..... අතඅරින්න එපා...... කියලා කියපු ගමන් ඔබ ඒ පැත්තට හැරෙනවාද නැද්ද? පරිසරය අනුව හිත වෙනස් වෙනවා. ඒක තමයි හිතේ ස්වභාවය. පරිසරය අනුව හිත වෙනස් වෙනවා නම් වචනය වෙනස් නොවී තියෙයිද? වචනයත් වෙනස් වෙනවා. ක්‍රියාව වෙනස් නොවී තියෙයිද? ක්‍රියාවත් වෙනස් වෙනවා.

අපි කියමු ඔබ මෙතන වාඩිවෙලා ඉන්දෙද්දී කවුරුහරි කෙනෙක් මේ ශාලාව ඉස්සරහට ඇවිල්ලා හැමෝටම රත්තරන් චේන් එක ගානේ නොමිලේ දෙනවා. ඔබට පුළුවන්ද එතකොට නොසැලී ඉන්න? රත්තරන් චේන් එක ගානේ නොමිලේ දෙනකොට ඔබ දන්න අය ඔක්කොම එතනට දුවනවා ඔබට පේනවා. 'ආන්න අරකිත් යනවා. ආන් අරකත් යනවා. ආන් මේකත් යනවා. එහෙනම් මාත් යනවා' කියලා යනවා. එතකොට එතන පොරයක් ඇතිවෙනවා මයි.

ආන්න අරයා දෙකක් ගත්තා.... මාත් ගන්නවා....

එතකොට ඔබට පේනවා එක රත්තරන් චේන් එකක් ගත්තු එක්කෙනා තව එකක් ගන්නවා. එතකොට ඔබට

හිතෙනවා 'ආන්න අරකි දෙකක් ගත්තා. එහෙනම් මාත් ගන්නවා' කියලා. පරිසරය වෙනස් වෙන්න මොහොතක් යන්නෙ නෑ. එහෙම නොගෙන අහක බලාගෙන ඉන්නවා නම් ඒක විස්මිත දෙයක්. ලෝභයට ඒ වගේ වෙනස් වෙවී යනවා අපි. ද්වේශයටත් එහෙමයි. මුළාවටත් එහෙමයි.

දැන් බැරිවෙලාවත් මං ඔබට කිව්වොත් 'ඔබේ සියලු දුක් දොම්නස් නැතිවෙන සුපිරි නැකතක් එනවා. ගෙදර තියෙන කරදර කම්කටොලු ඔක්කෝම නැති වෙලා, ලෙඩදුක් අසනීප ඔක්කොම නැතිවෙලා යන සුපිරි නැකතක් එනවා. ඒ නැකත ලබන්න විනාඩි පහකට කලින් ගේ ඇතුලෙයි මිදුලෙයි කහ දියර ඉහින්න. ඊළඟට අලුත් මුට්ටියක් ගෙනල්ලා ගේ මැද්දේ තියන්න. කිරි උතුරවන්න. ඒ කිරි දියර ටික ඔක්කොම ඉහින්න. හය මාසයක් ඇතුලත ඔක්කොම කරදර ටික ඉවරයි' කියලා කිව්වොත් මෝහය ඇතිවෙනවාද නැද්ද? 'හැබෑටම ඒකත් කරලා බලන්ට ඕනේ' කියලා හිතෙන්නේ නැද්ද?

ක්ෂණ සම්පත්තිය මගඇරුනොත්....?

අපි පරිසරයට අනුව නිරන්තර වෙනස්කමකට බඳුන් වෙවී ඉන්න අය. ඒ පරිසරය අනුව වෙනස් වීමට පරිසරයෙනුත් උදව් ලැබෙනවා. හැබැයි ඒ හොඳ පැත්තට නෙමෙයි. ඒක තියෙන්නේ නරක පැත්තටයි. ධර්මය පැත්තට නෙමෙයි තියෙන්නේ. අධර්මය පැත්තට තියෙන්නේ. ඒකයි බෝසතාණන් වහන්සේලා බුද්ධත්වයට පත්වීම පිණිස මනුස්ස ලෝකෙට එන්න කලින් පස්මහ බැලුම් බලන්නේ. බුදු කෙනෙක් පහළ වන කාලය (පරිසරය)

තුළ ඕන දෙයක් කරන්න පුළුවන්. දවස් ගණන් පුළුවන් භාවනානුයෝගීව ඉන්න. නැගිට්ටවන්න කෙනෙක් නෑ.

දැන් කාලේ එහෙම එකක් කරගන්න බෑ. පරිසරය හැදිලා තියෙන්නේ සතර අපායේ වැටි වැටී යන්න මයි. පරිසරයට අනුව වෙනස් නොවී ධර්මය මෙනෙහි කරලා ඉන්න නම් එයා තුළ ධර්මය පිහිටලා තියෙන්න ඕනේ. ධර්මය පිහිටලා නැත්නම් වෙනස් වෙනවා ම යි. එහෙනම් අපේ අවශ්‍යතාවය විය යුත්තේ ධර්මයෙහි පිහිටා සිටීමයි. සාරිපුත්ත මහරහතන් වහන්සේ එක අවස්ථාවක පෙන්වා දුන්නා **ඛණාතීතා සෝචන්ති නිරයම්හි සමප්පිතා** ක්ෂණ සම්පත්තිය මග ඇරිච්ච අය සෝක කරන්නේ මේ ආත්මයේ නෙමෙයි. ඊළඟ ආත්මේ නිරයේ උපන්නට පස්සෙයි.

හරි විදිහට හිතන්න පුරුදු වෙන්න ඕනෙ....

ක්ෂණ සම්පත්තිය අහිමි වෙලා ඉන්න අයට තියෙන්නේ කර්මයට දාස වෙලා වාසය කිරීම විතරයි. එබඳු වූ කෙනෙකුට බුදු කෙනෙක් පහළ වෙලා දේශනා කරපු ධර්මය තේරුම් අරගෙන, ඒ ගැන බැරෑරුම් ආකාරයට හිතන්න පුළුවන්කමක් නැත්නම් එයා මේ සසරේ පුරුදු විදිහට ම යනවා. බැරිවෙලාවත් ඊළඟ ආත්මේ මොකක්හරි පිනකින් ආයෙ මනුස්සයෙක් වෙලා ඉපදුනත් එයාට ක්ෂණ සම්පත්තිය නම් ලැබෙන්නෙ නෑ. තෙරුවන් සරණ නැති, ධර්මය අහන්න ලැබෙන්නෙ නැති, ධර්මයේ හැසිරෙන්න පුළුවන් කමක් නැති තැනක උපදිනවා.

එතකොට එයා ආයෙමත් අර මම කලින් කියපු විදිහට පරිසරයට ගොදුරු වෙනවා. ඊට පස්සේ බේරිල්ලක් ලැබෙන්නෙ නෑ. සමහරවිට ඔබ රැවටෙන්න පුළුවන්

'අපිට හැම ආත්මෙම මනුස්ස ජීවිතයක් ලැබුනාම ඉෂ්ට දේවතාවරු ඉඳීවි.... ඉෂ්ට දේවතාවරු ඇවිල්ලා අපිට මාර්ගය පෙන්නාවි..... අපට උදව් කරාවි.....' කියලා. එහෙම එකක් නෑ මේකේ. ඉෂ්ට දේවතාවරු විතරද සංසාරේ ඉන්නේ. ඇයි සතුරෝ, බද්ධ වෛර බැඳගෙන ආපු යක්ෂයෝ, යකින්නියෝ නැද්ද? ඊළඟට මනුස්ස වේශයෙන්ම එන අයත් ඉන්නවනේ. ඒ නිසා අපි මුලා නොවී මේ යථාර්ථය තේරුම් ගත යුතුයි.

හේතුව හැදෙනා විට එහි - ඵල හටගන්නේ....

ඉතින් පින්වත්නි, බුදුරජාණන් වහන්සේ පැහැදිලි කරලා දුන්නා මේ ලෝකයේ දුර්ලභ අවස්ථාවක් තමයි බුදුකෙනෙක් පහළවීම. ඊළඟට දුර්ලභ අවස්ථාවක් තමයි ඒ බුදුරජාණන් වහන්සේ ගේ ධර්මය අසන්ට ලැබීම. ඒ අසන්නා වූ ධර්මය ගැන සිත පහදවා ගන්න ලැබීමත් දුර්ලභ අවස්ථාවක්. බුදුරජාණන් වහන්සේ අපට වදාළේ නොයෙක් ආකාරයේ උප්පත්ති ලබාගෙන මේ සසරේ ඉපදි ඉපදි මේ යන්නේ කාගේවත් මෙහෙයවීමකට නොවෙයි. හේතුවක් සකස් වෙච්ච නිසයි. මොකක්ද උපදින්න හේතු වෙච්ච කාරණය? භවයයි.

භවය කිව්වේ කර්ම විපාක සකස් ව තිබීම. කර්ම විපාක සකස් වෙවී තිබිලා තමයි මේ ආත්මෙත් අපි උපන්නේ. මේ ආත්මෙත් මේ වෙද්දි අපි හොඳට සිතෙන් කයෙන් වචනයෙන් කර්ම රැස්කරගෙනයි ඉන්නේ. ඒ රැ ස්වෙච්ච දේවල් දෙකට බෙදන්න මේවා කුසල්, මේවා අකුසල් කියලා. මේවා කුසල් ය, මේවා අකුසල් ය කියලා දැනගන්න එකත් ලොකු දෙයක්නේ. බුදුරජාණන්

වහන්සේ පහළ නොවෙන්න මේවා කුසල්, මේවා අකුසල් කියලා හරි විදිහට දැනගන්න විදිහක් නෑ. ඇයි කුසල්, අකුසල් නාමයෙන් ලෝකයේ එක එක දේවල් විස්තර කරනවා.

පව් හෝදන පොකුණු....

ඉන්දියාවේ එක එක තැන්වල මිනිස්සුන්ට නාන්න අපිරිසිදු වතුර තියෙන පොකුණු තියෙනවා. ඒවායේ බෝඩ් ගහලා තියෙනවා අසූහාර දහසක් ආත්ම වල රැස්වෙච්ච සියලු පව් හේදෙනවා කියලා ඒ පොකුණෙන් එක පාරක් නෑවොත්. එතකොට ඒගොල්ලෝ මේවා පව් කියලා කියනවා. ඒ වගේ ම කියනවා ඒ පව් මේ ක්‍රමයෙන් නැතිවෙනවා කියලා. ඒ උගන්වන ක්‍රමය ඇත්තක් ද බොරුවක් ද? අන්න ක්ෂණ සම්පත්තිය නෑ. බුදුරජාණන් වහන්සේගේ ධර්මයේ උගන්නන්නේ කර්ම විපාක අනුව තමයි උපදින්නේ කියලා. **භව පච්චයා ජාති.**

අපි මේ ජීවිතේ මෙතෙක් රැස්වෙච්ච සියලු කර්ම මේවා කුසල් ය, මේවා අකුසල් ය කියලා කොටස් දෙකකට බෙදුවොත් ඒ කොටස් දෙකට ම අයිති කර්ම අපේ අතින් කෙරිලා නැද්ද? මේක තමන්ගේ පාලනයට යටත් වෙලාද තියෙන්නේ, කර්මයට යටත් වෙලාද තියෙන්නේ? කර්ම න්‍යායට යටත් වෙලයි තියෙන්නේ. ඒක අපි මම ය, මාගේ ය, මාගේ ආත්මය කියලා හිතුවට, ඒ පේන ස්වභාවය නෙමෙයි එතන තියෙන්නේ. එතන තියෙන්නේ තමන්ගේ වසඟයේ පවත්වන්න බැරිදෙයක්. ඒ බව අපි දැනගත්තේ භාග්‍යවතුන් වහන්සේගේ ධර්මයෙන්. තමන්ගේ වසඟයේ පවත්වන්න බැරි කර්ම විපාකයන්ට ගොදුරු වීම නිසයි අපි මේ උපන්නේ.

මහමෙව්නාවට ආපු සමහර අයට වෙච්ච දේ....

බුදුරජාණන් වහන්සේ දේශනා කරනවා භවය කියන්නේ දෙවි කෙනෙක් නිර්මාණය කරපු එකක් නෙමෙයි. භවය කියන්නේ උපාදානය නිසා හැදිච්ච එකක්. අපි තුළ තිබිච්ච උපාදාන නිසයි විපාක දෙන්න පුළුවන් ආකාරයට අපි කරන ක්‍රියාව හැදුනේ. උපාදානය කියන්නේ ග්‍රහණය වීම, දැඩිව බැඳීම. උපාදාන හතරක් ගැන අපි ඉගෙන ගත්තා. කාම උපාදාන, දිට්ඨි උපාදාන, සීලබ්බත උපාදාන, අත්තවාද උපාදාන. මහමෙව්නාවට මුල් කාලේ ඉඳලා ඇවිල්ලා, ධර්මය හොඳට ඉගෙනගෙන, පාඩනුත් කරගෙන හිටපු සමහර අය හිටියා සැකය ප්‍රහාණය නොකොට. දෘෂ්ටි ප්‍රහාණය නොකොට. සීලබ්බත පරාමාස ප්‍රහාණය නොකොට.

ඒගොල්ලෝ තුළ කිසිම ආධ්‍යාත්මික දියුණුවක් ඇතිවුනේ නෑ. ඔහොම ඉන්නකොට ඔන්න ආරංචි වෙනවා අන්න අසවල් තැන මාර්ගඵල දෙනවා..... අසවල් තැනට යමං..... කියලා. ඊටපස්සේ අනිත් අයටත් කියනවා අපි මෙච්චර කල් මෙහෙන් ධර්මය ඉගෙන ගත්තා..... කිසි වැඩක් වුනේ නෑ..... ආන් අසවල් තැන දෙනවා.... යමං.... කියලා ඕන්න යනවා. ගිහිල්ලා ඇවිල්ලා කියනවා අපි මෙච්චර කල් ධර්මය ඉගෙන ගත්තා..... කෝ ප්‍රතිඵලයක් නෑ..... ආන්න අතන්ට ගියා.... සුටුස් ගාලා ලැබුනා.... කියනවා. ටික කාලයක් යනකොට තේරෙනවා ඒක බොරුවක් කියලා. මෙහේ එන්නත් බෑ දැන්. අතනින් ලැබිච්ච දේත් නිකම් ම පුස්සක්. ඔන්න ඊට පස්සේ කල්පනා කරනවා ඊළඟට කොහේද‍ෑ යන්නේ කියලා.

ඉවසීම නැති නිසා තමයි මේ ඔක්කොම....

මේ කුමකින්ද මෙහෙයවන්නේ? සැකයෙන්. දෘෂ්ටියෙන්. බොහොම ඉවසීමෙන් යුක්තව ධර්මය ඉගෙන ගත්තා නම් කාලයක් යනකොට නිවැරදි පැහැදිලි දැනුමක් තමන්ට ලැබෙනවා. ඒක හොඳයි අර බොරු ගොඩකට වඩා. නමුත් එහෙම තේරුම් ගන්න හැකියාවක් බොහෝ අයට නෑ. ඒක ලෝකෙ හැටි. දැන් අපි කතා කළා උපාදාන නිසා තමයි භවය හැදෙන්නේ කියලා. උපාදානයත් ඉබේ පහළ වෙච්ච එකක් නෙමෙයි. තණ්හාව නිසා හටගත්තු එකක්. තණ්හාව කියන්නේ තමන්ට ප්‍රිය වූ අරමුණට හිත ඇදීයෑම.

යම් රූපයක් ප්‍රිය නම්, ඒ ප්‍රිය වූ රූපයට සිත ඇදිලා යනවා. යම් ශබ්දයක් ප්‍රිය නම් ඒ ප්‍රිය වූ ශබ්දයට සිත ඇදිලා යනවා. යම් සුවඳක් ප්‍රිය නම් ඒ ප්‍රිය වූ සුවඳට සිත ඇදිලා යනවා. යම් රසයක් ප්‍රිය නම් ඒ ප්‍රිය වූ රසයට සිත ඇදිලා යනවා. යම් ස්පර්ශයක් ප්‍රිය නම් ඒ ප්‍රිය වූ ස්පර්ශයට සිත ඇදිලා යනවා. හිතට එන යම් අරමුණක් ප්‍රිය නම් ඒ අරමුණ මෙනෙහි කර කර ඉන්න එයා ආසයි. ඒක තමයි තෘෂ්ණාව කියන්නේ.

මුළු මහත් දුක් රැස ම හටගන්නේ මෙහෙමයි....

මේ ස්වභාවය කාලයක් තිස්සේ පුරුදු කළ නිසා තෘෂ්ණාවෙන් බැහැර වෙච්ච අවස්ථාවක් අපේ සිතේ නෑ. උපාදානයෙන් බැහැර වෙච්ච අවස්ථාවක් අපේ සිතේ නෑ. භවයෙන් බැහැර වෙච්ච අවස්ථාවක් අපේ සිතේ නෑ. එහෙම බැහැර වෙච්ච අවස්ථාවක් තිබුනා නම් ඒ

වෙලාවේ අපි රහත්. අපි නිකෙලෙස්. හැමතිස්සේම මේ චිත්ත ස්වභාවය තුළ ඔය පටිච්චසමුප්පාදය වැඩ කර කර තියෙන්නේ. පටිච්ච සමුප්පාදය නියෝජනය කරන්නේ දුක මිසක් දුකෙන් නිදහස් වීම නෙමෙයි. පටිච්ච සමුප්පාදය අවසානයේ බුදුරජාණන් වහන්සේ මොකක්ද වදාළේ? **ඒවමේතස්ස කේවලස්ස දුක්ඛක්ඛන්ධස්ස සමුදයෝ හෝති.** මේ ක්‍රමයටයි මේ මුළු මහත් දුක්ඛ රාශිය ම හටගන්නේ කියලා.

ඊළඟට තෘෂ්ණාව හටගන්නේ මොකෙන්ද? අපිට ඇහෙන් රූප දැක්කහම සිතට සැප ඇතිවෙන අවස්ථා තියෙනවා. සමහර රූප දැක්කහම සිතට දුක හටගන්නා අවස්ථා තියෙනවා. සමහර රූප දැක්කහම හිතට උපේක්ෂාව හටගන්නා අවස්ථා තියෙනවා. කනින් සමහර ශබ්ද අහද්දි සිතට සතුටුයි. සමහර ශබ්ද අහද්දි හිතට හරි දුකයි. එහෙම නැත්නම් ගැටෙනවා. සමහර ශබ්ද අහද්දි එහෙම වෙනසක් තේරෙන්නෙ නෑ. සමහර සුවඳ දැනෙනකොට අපිට ආසයි. හිතට සතුටුයි. ඒ කියන්නේ එහෙනම් ඒ වින්දනය සැප සහගතයි.

සැප දුක් උපේක්ෂා විඳීම්....

සමහර සුවඳ දැනෙනකොට අපිට ඔක්කාරෙට එනවා. ඒක දුක් සහගතයි. අනිත් වෙලාවට අපිට තේරෙන්නෙ නෑ. දිවට සමහර රස දැනෙද්දි අපිට සතුටුයි. පිනා යනවා. දිවට සමහර රස දැනෙද්දි අපිට කේන්ති යනවා. අපේ හිත ගැටෙනවා. සමහර රස වලදී අපට එහෙම වෙනසක් තේරෙන්නෙ නෑ. සමහර ස්පර්ශ කයට දැනෙද්දි අපිට සතුටුයි. සමහර ස්පර්ශ දැනෙද්දි

අපිට තරහ යනවා. සමහර ස්පර්ශ දැනෙද්දි අපිට එච්චර වෙනසක් තේරෙන්නෙ නෑ.

දැන් අපි හිතමු ඔන්න අපි ගොඩාක් වෙලා අව්වේ ඉඳලා, දාඩිය දාගෙන, හොඳට ගන සෙවණ තියෙන ගහක් යටට යනවා. එතකොට ම සීතල හුළඟක් හමන්න ගන්නවා. එතකොට තමන්ට නිකම්ම හිනාවක් යනවා. ෂා... හරි ෂෝක්නේ.... කියලා කියවෙනවා. මොකද ඒ? අර කයට ලැබුණු පහසට තමන්ව පිනා ගියා. එතකොට තමන් ඒකම ලබන්න කැමති වෙනවා. සැප වේදනාවට ආසාව ඇතිවෙනවා. මේ වගේ හැම තිස්සෙ ම අපේ හිතේ ඒ ස්වභාවය තියෙනවා.

සිතට එන සිතිවිලි ඔස්සේ ඇතිවෙන විඳීම්....

ඔන්න අපේ හිතට සමහර සිතිවිලි හිතෙනකොට අපේ හිතට ඇතිවෙනවා ගැටීමක්. එක්කෝ දුක් වේදනාවක්. එතකොට අපි හිතින් දුක් විඳිනවා. අපේ ජීවිතයේ අතීතයේ අපට සිදුවෙච්ච යම් යම් දේවල් මතක් වෙද්දී අපි තනියම සුසුම් හෙලෙනවා. තනියම අනේ අපොයි කියලා කියවෙනවා. හිටපු ගමන් සිතිවිලි මතුවෙනවා අපේ ජීවිතේ ඇතිවෙච්ච ප්‍රීතිමත් අවස්ථා ගැන. එතකොට අපි ඒවම ආයෙමත් මෙනෙහි කරන්න මහන්සි ගන්නවා. හැබැයි මෙනෙහි වෙන්නෙ නෑ. අනිත්‍ය වෙලා යනවා. අනිත්‍ය වෙද්දි වෙද්දි ආයෙ ආයෙ මෙනෙහි කරන්න මහන්සි ගන්නවා. මොකද හේතුව ඒකට ආසයි.

එහෙම නැත්නම් සමහර වෙලාවට අපේ හිතට සිතිවිලි ඔහේ එනවා, සිතිවිලි ඔහේ යනවා. අපිත් ඔහේ

ඉන්නවා වෙනසක් වෙන්නේ නැතුව. ඒක උපේක්ෂාව. මෙන්න මේ විඳීම නිසයි තණ්හාව හටගන්නේ. එතකොට අපි විශේෂ තැන දෙන්නේ සැප විඳීමට ද දුක් විඳීමට ද උපේක්ෂා විඳීමට ද? සැප විඳීමටයි. **සුඛ කාමානි භූතානි.** සියලු සත්වයෝ සැප කැමැත්තෝය. දැන් අපි මේ ධර්මය හොයාගෙන යන්නෙත් දුකට තියෙන අකමැත්ත නිසා නේද? **දුක්ඛපටික්කූලා** දුක පිළිකුල් කරනවා. නිරයට යන්න අපි කැමැති නෑ. ප්‍රේත ලෝකෙ උපදින්න කැමතිත් නෑ. තිරිසන් අපායේ උපදින්න කැමතිත් නෑ. අසුර ලෝකෙ යන්න කැමතිත් නෑ.

පරම සැපය නිවනයි....

ඒ නිසයි අපි මේ ධර්මය හොයාගෙන යන්නේ. මනුස්ස ලෝකෙට එන්න කැමතිත් නෑ. ඒ මොකද හේතුව? මනුස්ස ලෝකෙත් දැන් අපි ඇතිපදම් විඳවලා තියෙන්නේ. ඒ නිසා මනුස්ස ලෝකෙටත් වඩා කරදර නැති තැනක් ඇත්නම් හොඳයි අපිට සුවසේ මේ ධර්මය පුරුදු කරන්න කියන අදහස අපේ හිතට එනවා. එහෙනම් අපි මේ ඉන්න තැන්වල යම් දුකක් අපට තියෙනවා. අපට සැප ලැබෙනවා නම් යම් තැනක එතනට තමයි අපි කැමති වෙන්නේ. සැප අතර අග්‍ර සැපය තමයි නිවන. **නිබ්බාණං පරමං සුඛං.** පරම සැපය නිවනයි කියලා කටකතාවකට කිව්වා නෙමෙයි. බුදුරජාණන් වහන්සේ ඒ අසංඛත නිර්වාණ ධාතුව ස්පර්ශ කළා.

දවසක් සෝණක කියන රහතන් වහන්සේ රජගහ නුවර වේළුවනාරාමයේ නිරෝධ සමාපත්තියට සමවැදිලා ඉන්නවා. එතකොට පිරිසත් එක්ක වෙළඳාමේ ආපු සිග්ගව චණ්ඩවජ්ජී කියලා තරුණයෝ දෙන්නෙක්

ඇවිත් උන්වහන්සේට වන්දනා කරනවා. වන්දනා කරද්දි කතාවක් බහක් මොකුත් නෑ. නිශ්ශබ්දව ඉන්නවා. නිරෝධ සමාපත්තියට සමවැදිලා. ඉතින් මේ තරුණයෝ දෙන්නා අනිත් භික්ෂූන් වහන්සේලාගෙන් අහනවා 'ස්වාමීනී, අපි අර ස්වාමීන් වහන්සේට වැන්දා. අපි දිහා බැලුවේවත් නෑ. වචනයක් කතා කොළේ නෑ' කිව්වා.

සඤ්ඤා වේදනා නිරුද්ධ වූ සමාපත්තිය....

එතකොට කියනවා 'දරුවනි, උන්වහන්සේ දැන් ඒ සමාපත්තියකට සමවැදිලයි ඉන්නේ' කියලා. 'නැගිටින්නේ කවද්ද?' කියලා ඇහුවා. 'උන්වහන්සේ නැගිටින්න නම් එක්කෝ බුදුරජාණන් වහන්සේගේ පණිවිඩයක් එන්න ඕනෙ. එක්කෝ සංඝයාගෙන් පණිවිඩයක් යන්න ඕනෙ. එහෙම නැත්නම් තමන් අධිෂ්ඨාන කරපු කාලය අවසන් වෙන්න ඕනෙ. එහෙම නැත්නම් තමන්ගේ ආයුෂය අවසන් වෙන්න ඕනෙ. එතකොට නැගිටිනවා' කිව්වා.

ඒ භික්ෂූන් වහන්සේට තේරුනා මේ මහා පින්වන්ත පිරිසක් කියලා. උන්වහන්සේ කොහොමහරි පණිවිඩයක් යැව්වා. යැව්වහම සෝණක රහතන් වහන්සේ සමාපත්තියෙන් නැගිට්ටා. එතකොට අර තරුණයෝ වන්දනා කරලා ඇහුවා 'අනේ ස්වාමීනී, ඔබවහන්සේ හරී අමුතු ප්‍රීතියකින් ඉන්නවා වගේ පේනවා. මොකක්ද ඒ සමාධිය?' කියලා. 'පුත්‍රය, වළඳන්න තියෙන දේවල් වැළඳුවා' කිව්වා. එහෙනම් නිවන කියන්නේ උතුම් සැපයක්. නැති දෙයක් නෙමෙයි තියෙන දෙයක්. එතන දුකත් නෑ. දුකට හේතුවත් නෑ. එතනයි නිවන. නිවන තුළ තියෙන්නේ පරම සැපයක්.

මෝඩ මිනිස්සුන්ගේ මෝඩ ප්‍රකාශ....

ඔබ අහලා නැද්ද නිවන කියන්නේ පරම සැපයයි කියලා තේරුම් ගත්තේ නැති මිනිස්සු කියනවා 'අනේ අපට නම් නිවන් දකින්න ඕනෙ නෑ. අපට එහෙම හදිස්සියක් නෑ. ඔහේලට හදිස්සියි නේ... හා... යන්න යන්න' එහෙම කියනවා අහලා නැද්ද? ඒ මොකද හේතුව? අන්ධබාල පෘථග්ජනකම. හිතන්න බැරිකම. නොවැටහීම. නොතේරීම. තව දුරටත් කියනවා නම් අවිද්‍යාව. අපි බුදුරජාණන් වහන්සේගේ ධර්මයෙන් ඉගෙන ගත්තා මේ තෘෂ්ණාවට හේතුවුනේ විඳීම කියලා. නිවන විඳින්නේ අවිද්‍යාව ප්‍රහාණය කරලා. මෙතන විඳින්නේ අවිද්‍යාවෙන් යුක්තව. අන්ධකාරය තුළ. ප්‍රඥාලෝකයක් නැතුව. අන්ධකාරය තුළ විඳින විඳීමට තමයි ඇලෙන්නේ.

ඒ විඳීම හටගන්නේ නිකම් නෙමෙයි. අපිව උප්පත්තිය කරා ගෙනාපු දෙයක් තියෙනවා. පෙර ආත්මේ අපි මැරෙද්දී චුත වුන විඤ්ඤාණය මේ ආත්මේ මව්කුසේ බැසගත්තා. ඊට අනුව නාමරූප සකස් වුනා. ආයතන හයක් හැදුනා. හැදිලා අපි බිහිවුනා. ඒ විඤ්ඤාණය පිහිටපු වෙලාවේ ඉඳලා ඒ විඤ්ඤාණය පැවැත්මට රුකුල් දිදී තියෙනවා. අපි බිහිවෙච්ච මොහොතේ ඉඳලා ඇස් ඇරියහම ඒ විඤ්ඤාණය හටගන්නවා ඇසේ. කනේ ඒ විඤ්ඤාණය හටගන්නවා. නාසයේ ඒ විඤ්ඤාණය හටගන්නවා. දිවේ ඒ විඤ්ඤාණය හටගන්නවා. මුළු ඇඟ පුරා ඒ විඤ්ඤාණය හටගන්නවා. සිතේ විඤ්ඤාණය හටගන්නවා.

විඤ්ඤාණයේ ක්‍රියාකාරීත්වය....

ඒ ස්වභාවයෙන් යුතුව මේ විඤ්ඤාණයේ ක්‍රියාකාරීත්වය තියෙනවා හරියට තිරේ දමද්දි තෙල් දමද්දි ඇවිලි ඇවිලි තියෙන දෙයක් වගේ. විඤ්ඤාණය ඇහේ, කනේ, නාසයේ, දිවේ, කයේ, මනසේ වැඩ කර කර තියෙනවා. එතකොට මොකද වෙන්නේ ඇහෙන් රූප බලද්දි ඇහැයි රූපයයි විඤ්ඤාණයයි එකතු වෙනවා. කනෙන් ශබ්ද අසද්දී කනයි ශබ්දයයි විඤ්ඤාණයයි එකතු වෙනවා. නාසයෙන් ආඝ්‍රාණය කරද්දි නාසයයි ගඳසුවඳයි විඤ්ඤාණයයි එකතු වෙනවා. දිවෙන් රස විඳිද්දි දිවයි රසයයි විඤ්ඤාණයයි එකතු වෙනවා. කයෙන් පහස ලබද්දී කයයි පහසයි විඤ්ඤාණයයි එකතු වෙනවා. මනසින් සිතද්දි මනසයි අරමුණුයි විඤ්ඤාණයයි එකතු වෙනවා.

මේ ඔක්කොම අපි ගන්නේ සංඥා වලින්. ඒ කියන්නේ ඒ ඒ අරමුණු වල හැඩයයි වර්ණයයි තමයි අපි අඳුනගන්නේ. දැන් ඔන්න අපිට ශබ්දයක් ඇහෙනවා කියමු පිටිපස්සෙන්. එතකොට මම කියනවා ඔන්න හස්තිරාජයෙක් කුංචනාද කරනවා හොඬේ උස්සලා කියලා. එතකොට ඔබේ හිතට ඒක මැවෙනවාද නැද්ද? එතකොට ශබ්දය හඳුනගත්තේ සංඥාවකින්. ඔන්න සීනු හඬක් ඇහෙනවා. එතකොට හිතට සීනුවක් මැවෙනවා. ඔන්න ට්‍රැක්ටරයක් යනවා. ට්‍රැක්ටරේ මැවෙනවා. මේ වගේ අර ශබ්දය අනුසාරයෙන් අපි ඒක ගන්නේ ඇහෙන් දැකපු දෙයක් ඔස්සේ.

අන්ධයාට කිරි ගැන කියූ හැටි....

අපි ගත්තොත් ඇස් පේන්නේ නැති එක්කෙනෙක් ඉන්නවා. එයත් මොකක් හරි සංඥාවකින් තමයි ඒක ගන්නේ. ඒ සංඥාව ගන්න විදිහ අපිට හොයන්න බෑ. ඔන්න දවසක් ඇස් දෙක පේන්නෙ නැති මනුස්සයෙක් ඇස් පේන මනුස්සයෙක්ගෙන් ඇහුවා කිරි මොන වගේ ද කියලා. ඉතින් කිව්වා කිරි සුදුපාටයි කියලා. සුදුපාට මොකක් වගේ ද කියලා ඇහුවා. කොකෙක් වගේ කිව්වා. කොකා මොන වගේද කියලා ඇහුවා. අත වකුටු කරලා පෙන්නුවා. එතකොට අත අතගාලා කිව්වා ආ... කිරි මේ වගේද කියලා. ඒ සංඥාව ගත්තු හැටි. ඒ කියන්නේ මොකක් හරි ක්‍රමයකට තමන්ට අරමුණු ලැබෙන විදිහට සංඥාවක් ගන්නවා.

දැන් ඇතෙක් කිව්වහම මට මතක් වෙන්නේ මම දැකපු ජාතියේ ඇතෙක්. ඔබට මතක් වෙන්නේ තම තමන් දැකපු ජාතියේ තම තමන්ට අරමුණු වෙච්ච විදිහේ සංඥාවක් තමයි ගන්නේ. බුදුරජාණන් වහන්සේ අපට වදාළා ඒ සංඥාව හතර ආකාරයකින් අපි මුළා වෙලා තමයි අරගෙන තියෙන්නේ කියලා. අසුභ දේ අපි අරගෙන තියෙන්නේ බොහෝම ලස්සන දෙයක් හැටියට. එතන තමයි රාගයට ඇදිලා ගියේ. සුභ සංඥාව තමයි පංචකාමය උපදින තැන.

කණපිට හැරුණු සඤ්ඤාව....

ඒකයි බුදුරජාණන් වහන්සේ ගේ බුද්ධ ශාසනයේ සිවුරු පටිය කරේ දානකොට ම කේසා, ලෝමා, නඛා, දන්තා, තචෝ කියන අසුභ කමටහන දෙන්නේ. සුභ

සංඥාව කඩන්නයි ඒ උදව්ව කරන්නේ. ඊට පස්සේ ඒක අල්ලගත්තා නම් හරි දිගටම. එතකොට පළවෙනි සඤ්ඤා විපර්යාසය තමයි අසුභ දේ පේනවා ලස්සන හැටියට. ඊළඟට දුක් දේ සැප විදිහට ගන්නවා. ඊළඟ අනිත්‍ය දේ නිත්‍ය හැටියට ගන්නවා. ඊළඟට අනාත්ම දේ මම ය, මාගේ ය, මට ඕන හැටියට පවත්වන්න පුළුවන් දෙයක් තිබේය කියලා ගන්නවා.

එහෙම මුළා වෙච්ච සංඥාවකින් තමයි ඇහෙන් රූප ගන්නේ. මුළා වෙච්ච සංඥාවකින් තමයි කනෙන් ශබ්දය ගන්නේ. මුළා වෙච්ච සංඥාවකින් තමයි නාසයට දැනෙන ගඳසුවඳ ගන්නේ. මුළා වෙච්ච සංඥාවකින් තමයි දිවට දැනෙන රසය ගන්නේ. මුළා වෙච්ච සංඥාවකින් තමයි කයට දැනෙන පහස ගන්නේ. ඒවා ඔක්කොම පිහිටනවා හිතේ අරමුණක් හැටියට. ඊට පස්සේ ලෝක දෙකක් තමන් තුළ තියෙනවා. ඇහෙන් දකිද්දිත් ලෝකයක් තියෙනවා. ඒක මතකය හැටියට වෙනම තියෙනවා. කනෙන් අසද්දි ඇහෙන ලෝකයක් තියෙනවා. ඒක මතකය හැටියට වෙනම තියෙනවා.

හිතේ මැවෙන දේයි ඇත්ත ස්වභාවයයි වෙනස්....

නාසයෙන් ආඝ්‍රාණය කරද්දි වෙනම ලෝකයක් තියෙනවා. ඒක මතකය හැටියට වෙනම තියෙනවා. දිවෙන් රස දැනෙද්දි වෙනම ලෝකයක් තියෙනවා. ඒක මතකය හැටියට වෙනම තියෙනවා. කයට පහස දැනෙද්දි වෙනම ලෝකයක් තියෙනවා. මතකය හැටියට වෙනම තියෙනවා. සුභ සංඥා, සැප සංඥා, නිත්‍ය සංඥා, ආත්ම සංඥා කියන හතරෙන් තමයි ඒවා මතක තියාගෙන

ඉන්නේ. ඒ මතක තියාගෙන ඉන්න ලෝකෙට කියනවා අරමුණු කියලා. ඒ අරමුණත් එක්ක එකතු වෙනකොට ඔන්න හිතේ විඤ්ඤාණය ඇතිවෙනවා.

හිත ඇතුලේ මැවෙන දේයි ඇත්ත එකයි වෙනස්. හිත ඇතුලේ මැවෙන සද්දෙයි ඇත්ත සද්දෙයි වෙනස්. හිතට හිතෙන රසෙයි ඇත්ත රසෙයි වෙනස්. හිතට හිතෙන පාටයි ඇත්ත පාටයි වෙනස්. හිතට හිතෙන ස්වභාවයයි ඇත්ත ස්වභාවයයි වෙනස්. අර හිතට හිතෙන ස්වභාවය හැම තිස්සෙම හිතේ ඇතිවෙන විඤ්ඤාණයත් එක්ක එකතු වෙලා ලස්සනට මවනවා අපේ හිතේ තියෙන කෙලෙස් වලට අනුරූපව. බුදුරජාණන් වහන්සේ ඒකයි වදාළේ මේ විඤ්ඤාණයේ ක්‍රියාකාරීත්වය ගැන මායාකාරයෙක් හතරමං හන්දියක අනේක වූ මායාවන් පෙන්වනවා වගේ කියලා. ඒ මායාවල් ඔක්කොම පෙන්නන්නේ මේ හිතේමයි. තමන්ටමයි පෙන්වන්නේ.

ඇත්ත ස්වභාවය දකින්න ඉඩක් නෑ....

මේ මායාවල් පේද්දි පේද්දි මෙයාට ඇත්ත ස්වභාවය දකින්න තියෙන හැම ඉඩකඩක් ම ඇහිරි ඇහිරි යනවා. ඇයි අරන් තියෙන්නේ සුභ සංඥාව. සුභ සංඥාව කියන්නේ මේක ලස්සනයි, හොඳයි, හැඩයි කියලා අරගෙන තියෙනවා. ඕක තමයි හිතේ මැව් මැවී පෙන්නේ. අරවා රසයි මේවා රසයි කිය කිය හිතේ මැවෙනවා. අර ඇඳුම ලස්සනයි, මේ ඇඳුම ලස්සනයි, අර ආභරණය ලස්සනයි, මේ ආභරණය ලස්සනයි කියලා හිතේ මැව් මැවී පේනවා. අතන ඉන්න තියෙනවා නම් හොඳයි, මෙතන ඉන්න තියෙනවා නම් හොඳයි, අරක හොඳයි මේක හොඳයි කිය කිය අපිට හිතේ මැව් මැව් පේනවා.

හැබැයි ඇත්ත ස්වභාවය වෙනස් නිසා හිත සෑහීමකට පත්වෙන්නේ නෑ. හිතේ මැවෙන ස්වභාවය ඇත්ත ලෝකෙ හම්බ වෙන්නේ නෑ අපට. ඇත්ත ලෝකෙ හිතේ මැවෙන ස්වභාවය ලැබෙන්නේ නැති නිසා අපි ඊළඟ එකෙන් ඒක බලාපොරොත්තු වෙනවා. දැන් ඔය මං දිගින් දිගට විස්තර කළේ ස්පර්ශය ගැනයි. ඇහැයි රූපයයි විඤ්ඤාණයයි එකතු වෙනවා. කනයි ශබ්දයයි විඤ්ඤාණයයි එකතු වෙනවා. නාසයයි ගඳසුවඳයි විඤ්ඤාණයයි එකතු වෙනවා. දිවයි රසයයි විඤ්ඤාණයයි එකතු වෙනවා. කයයි පහසයි විඤ්ඤාණයයි එකතු වෙනවා. ඒ ඔක්කෝම මනසයි අරමුණුයි විඤ්ඤාණයයි හැටියට එකතු වෙනවා. එකතු වුනාට පස්සේ විඤ්ඤාණය මව මව පෙන්නනවා.

කර්මය විපාක දෙන ආකාර තුන....

එතකොට සැප විඳීමක් ඇතිවෙන දේට තමයි හිත ඇදිලා යන්නේ. එයා ආස කරන දේ තුළ කොටු වෙනවා. ඒක තමයි උපාදානය. එහෙම කොටු වෙලා තමයි එයා හිතන්න පටන් ගන්නේ. එහෙම කොටු වෙලා තමයි එයා වචන කතා කරන්නේ. එහෙම කොටු වෙලා තමයි එයා කයින් ක්‍රියා කරන්නේ. එතකොට ඒ හැම කර්මයකට ම තුන් ආකාරයක විපාකයක් හැදෙනවා. **දිට්ඨධම්මවේදනීය, උපපජ්ජවේදනීය, අපරාපරියවේදනීය.** එතනින් තමයි උපතක් කරා යන්න උවමනා කරන පරිසරය (භවය) හැදෙන්නේ. ඒ විදිහට ස්පර්ශය ඇතිවුනේ ඇහැක් තිබුනු නිසා. කනක් තිබුනු නිසා. නාසයක් තිබුනු නිසා. දිවක් තිබුනු නිසා. කයක් තිබුනු නිසා. මනස තිබුනු නිසා.

ඔන්න කලින් ආත්මේ අපි කොහේ හරි ලෝකෙක ඉඳලා මැරුනා. අපි මැරුනේ කොයි විදිහට ද කියලා අපි දන්නෙ නෑ. නමුත් අපිට නොවැරදීම කියන්න පුළුවන් අපි මැරිච්ච බව. මැරිච්ච නිසයි අපි දැන් මෙහේ ඉපදිලා ඉන්නේ. මැරුණට පස්සේ අපි දැනුවත්ව හෝ නොදැනුවත්ව අර විඤ්ඤාණය මිනිස් ලෝකෙ මව්කුසකට ආවා. ඒ විදිහට මව්කුසට ආවේ නිකම් නෙමෙයි. අර පටිච්ච සමුප්පාද රටාවෙන්මයි. ඒ කලින් ආත්මෙත් අපට ඇස, කන, නාසය, දිව, කය, මනසක් තිබුනා. එතකොට ඒ ආත්මෙත් රූප, ශබ්ද, ගන්ධ, රස, සපර්ශ, අරමුණු කියන ඒවා විඤ්ඤාණයත් එක්ක එකතු වෙලා ස්පර්ශය ඇතිවුනා.

නාමරූප ප්‍රත්‍යයෙන් ආයතන හය හැදෙනවා....

ඒ ස්පර්ශය නිසා සැප, දුක්, උපේක්ෂා විඳීම් හටගත්තා. එතකොට තෘෂ්ණාව ඇතිවුනා. ඊට පස්සේ ඒ ආත්මෙත් උපාදාන වලට අහුවෙලා සිත, කය, වචනය කියන තුන්දොරින් කර්ම කරලා විපාක පිණිස කර්ම හැදුනා. ඒ නිසා විඤ්ඤාණය නිරුද්ධ වෙලා අපි පිරිනිවන් පෑවේ නෑ. කර්මානුරූපව එහෙන් චුත වෙලා මව්කුසේ අපි උපන්නා. උපන්නට පස්සේ ආයෙත් ඒ කර්මයට අනුකූල විදිහට නාමරූප ප්‍රත්‍යයෙන් අපේ ඇස් දෙක හැදෙනවා. කර්මයට අනුකූල විදිහට නාමරූප ප්‍රත්‍යයෙන් කන්දෙක හැදෙනවා. නාමරූප වලට අනුකූල විදිහට නාමරූප ප්‍රත්‍යයෙන් නාසය හැදෙනවා. කර්මයට අනුකූල විදිහට නාමරූප ප්‍රත්‍යයෙන් දිව හැදෙනවා. කර්මයට අනුකූල විදිහට නාමරූප ප්‍රත්‍යයෙන් ශරීරය හැදෙනවා. කර්මයට අනුකූල විදිහට නාමරූප ප්‍රත්‍යයෙන් මනස හැදෙනවා.

ලී බඩු වල ව්‍යවහාරය....

නාමරූප ප්‍රත්‍යයෙන් මේ ආයතන හය හැදුනට පස්සේ ඒ නාමරූප නැතුව යන්නේ නෑ. දැන් අපි ගත්තොත් ලීයකින් දොරක් හදනවා. ලීයකින් දොර හැදුවාට පස්සේ ලීය ප්‍රහාණය වෙන්නෙ නෑ. ලීයමයි දොරේ හැඩේට තියෙන්නේ. ලීයකින් පුටුවක් හදනවා. පුටුවක් හැදුවට පස්සේ අපි පුටුව කියලා කිව්වට එතන ලීයමයි තියෙන්නේ. ලී වලින් අපි මේසයක් හදනවා. මේසයක් හැදුවට එතන ලීයමයි තියෙන්නේ. අපි වෙනත් නමකින් ඒක හැඳින්නුවට ඒ හැදිච්ච දේ එතන තියෙනවා.

ඒ වගේ ඇස කියලා අපි කිව්වට එතන නාමරූප තියෙනවා. ඇයි ඇස කියන්නේ නාමරූපයෙන් හදාපු එකක්. නාමරූපයෙන් හදාපු එකක් නම් ඒක එතන තියෙන්නේ නාමරූප. දැන් අපි ගත්තොත් ඔන්න පුටුවකුයි මේසයකුයි ඇඳකුයි දොරකුයි තියෙනවා. මේ ඔක්කොම ලී වලින් හදලා තියෙන්නේ. අපිට ඕන වෙනවා පුටුව මෙතනට ගේන්න. ලීය ගේන්න කියන එක ද හරි, පුටුව ගේන්න කියන එකද? ඇයි ලී වලින් හදපු ඒ බඩුව හඳුන්වන්න යම්කිසි ව්‍යවහාරයක් හැදිලා තියෙනවා. ඒක කිව්වොත් තමයි අපිට තේරෙන්නේ.

ජීවිතයේ සැඟවුනු රහස්....

ආ... ගිහින් ලීයේ වාඩි වෙන්න කියලා කිව්වට ඒක තේරෙන්නෙ නෑ. අපි කියන්න ඕනෙ පුටුවේ වාඩි වෙන්න කියලයි. පුටුවේ වාඩි වෙන්න බැරිද? පුළුවන්. අර ලීය හදලා තියෙන්නේ ඒ විදිහට වාඩි වෙන්න පුළුවන් ආකාරයටයි. ඒ වගේ මේ ඇහැ හැදිලා තියෙන්නේ බාහිර

දර්ශනය ලැබෙන ආකාරයටයි. කන හැදිලා තියෙන්නේ බාහිර ශබ්දය ඇසෙන ආකාරයටයි. නාසය හැදිලා තියෙන්නේ බාහිර ගඳසුවඳ දැනෙන ආකාරයටයි. දිව හැදිලා තියෙන්නේ බාහිර රසය දැනෙන ආකාරයටයි. කය හැදිලා තියෙන්නේ බාහිර පහස දැනෙන ආකාරයටයි.

මනස හැදිලා තියෙන්නේ අරමුණු සිතන්න පුළුවන් ආකාරයටයි. නමුත් ඒ හැම තැනම තියෙන්නේ නාමරූප. නාමරූපයෙන් හැදිච්ච ඇහැ, නාමරූපයෙන් හැදිච්ච කන, නාමරූපයෙන් හැදිච්ච නාසය, නාමරූපයෙන් හැදිච්ච දිව, නාමරූපයෙන් හැදිච්ච කය, නාමරූපයෙන් හැදිච්ච මනස. එහෙනම් ඇස, කන, නාසය, දිව, කය, මනස කියන මේ ආයතන හයේ තියෙන්නේ නාමරූප. මේ නාමරූප ඇතිවෙන්න පටන් ගත්තේ විඤ්ඤාණය මව්කුසට ඇතුලු වෙච්ච දවසේ ඉඳලයි.

භාග්‍යවතුන් වහන්සේගේ විස්මිත හෙළිදරව්ව....

එහෙනම් ඇහේ නාමරූප තියෙන්නේත් විඤ්ඤාණයත් එකක් සම්බන්ධ වෙලා. කනේ නාමරූප තියෙන්නේත් විඤ්ඤාණයත් එක්ක සම්බන්ධ වෙලා. නාසයේ නාමරූප තියෙන්නේත් විඤ්ඤාණයත් එක්ක සම්බන්ධ වෙලා. දිවේ නාමරූප තියෙන්නේත් විඤ්ඤාණයත් එක්ක සම්බන්ධ වෙලා. කයේ නාමරූප තියෙන්නේත් විඤ්ඤාණයත් එක්ක සම්බන්ධ වෙලා. මනසේ නාමරූප තියෙන්නේත් විඤ්ඤාණයත් එක්ක සම්බන්ධ වෙලා. ඇහේ නාමරූප වලට බාහිර අරමුණ එකතු වෙනකොට ම ඇහේ විඤ්ඤාණය හටගන්නවා. එතකොට ඇහැයි රූපයයි විඤ්ඤාණයයි එකතු වෙනවා.

නාමරූපයෙන් හටගත්තු කනට බාහිර ශබ්දයක් ඇහෙනකොට කනේ විඤ්ඤාණය හටගන්නවා. ඇයි විඤ්ඤාණය ප්‍රත්‍යයෙන් තමයි නාමරූප තියෙන්නේ. නාමරූප ප්‍රත්‍යයෙන් තමයි විඤ්ඤාණය තියෙන්නේ. ඒ මූලික ස්වභාවය හටගන්නේ නැතුව ඉස්සරහට යන්නේ නෑ. විඤ්ඤාණයයි නාමරූපයි එකතු වෙන්නේ නැතුව ඉස්සරහට යන්නේ නෑ. නාමරූපයෙන් හටගත්තු නාසයට ඔන්න සුවඳක් හෝ ගඳක් හෝ දැනෙනවා. එතකොට ම අපිට නාසයෙන් විඤ්ඤාණය හටගෙන මේන්න ගඳක්, මේන්න සුවඳක් කියලා දැනුම් දෙනවා.

විඤ්ඤාණය හටගන්න තැන හයක් තියෙනවා....

දිවට අපි රසයක් ගන්නවා. ගන්නකොටම විඤ්ඤාණයෙන් අපිට දැනුම් දෙනවා මෙන්න රසයක් කියලා. අන්න ඒ කාර්යය කරන්නේ විඤ්ඤාණයයි. ඇහැට රූපයක් එනකොට ම රූපයක් ආවා කියලා දැනුම් දෙන්නේ විඤ්ඤාණය. කනට ශබ්දයක් එනකොටම ශබ්දයක් ආවා කියලා දැනුම් දෙන්නේ විඤ්ඤාණය. නාසයට ගඳසුවඳ දැනෙද්දි දැනුම් දෙන්නේ විඤ්ඤාණය. දිවට රසය එද්දි දිවට දැනුම් දෙන්නේ විඤ්ඤාණය. මනසට අරමුණක් එද්දි දැනුම් දෙන්නේ විඤ්ඤාණය. එහෙමනම් විඤ්ඤාණය පහළ වෙන තැන් හයක් තියෙනවා. මොනවද ඒ? ඇස, කන, නාසය, දිව, කය, මනස.

සුද්දන්ගේ දැනුමෙන් අපි අහලා තියෙන්නේ මේ ඔක්කොම වෙන්නේ මොළෙන් කියලයි. භාග්‍යවතුන් වහන්සේගේ බුදු නුවණින් අවබෝධ කරපු ධර්මය තුළ අපි අහලා තියෙන්නේ මේ විදිහට. ඇසේ විඤ්ඤාණය

හටගන්නවා. කනේ විඤ්ඤාණය හටගන්නවා. නාසයේ විඤ්ඤාණය හටගන්නවා. දිවේ විඤ්ඤාණය හටගන්නවා. කයේ විඤ්ඤාණය හටගන්නවා. මනසේ විඤ්ඤාණය හටගන්නවා. එතකොට ඇහැයි රූපයයි විඤ්ඤාණයයි එකතු වෙනවා. ඒකට කියන්නේ ස්පර්ශය කියලා.

අවබෝධ කළයුතු ධර්මය මෙයයි....

ඊට පස්සේ මේ තුන වෙන් වෙන්නේ නෑ. හොඳට මතක තියාගන්න ඒක. ඇහැයි රූපයයි විඤ්ඤාණයයි එකතු වුනාට පස්සේ ඒ තුනම එකට වැඩ කරනවා. කනයි ශබ්දයයි විඤ්ඤාණයයි එකතු වුනාට පස්සේ ඒ තුනම එකට වැඩකරනවා. ඒ තුන එකට වැඩ කළේ නැත්නම් මුකුත් නෑ එතනින් ඉස්සරහට. නාසයයි ගඳසුවඳයි විඤ්ඤාණයයි එකතු වෙලා ඒ තුනම එකට වැඩ කරනවා. දිවයි රසයයි විඤ්ඤාණයයි එකට එකතු වුනහම ඒ තුන වැඩ කරන්න ගන්නවා. කයයි පහසයි විඤ්ඤාණයයි එකතු වුනහම ඒ තුනම එකට වැඩ කරන්න ගන්නවා. මනසයි අරමුණුයි විඤ්ඤාණයයි එකතු වුනහම ඒ තුනම එකට වැඩකරන්න ගන්නවා. කොහොමද වැඩ කරන්නේ?

ඔන්න හිතට විඳීම දැනෙනවා. විඳීමට තියෙන්නේ සැප සහගත අරමුණක් නම් සැප විඳීම දැනෙනවා. අරමුණු වුනේ දුක් සහගත දෙයක් නම් දුක් විඳීම දැනෙනවා. අරමුණු වුනේ උපේක්ෂා සහගත දෙයක් නම් වෙනසක් තේරෙන්නෙ නෑ. කනේ ස්පර්ශය ඇතිවුනාට පස්සේ ශබ්දය සැප සහගත නම් සැප විඳීමක් දැනෙනවා. ශබ්දය දුක් සහගත නම් දුක් විඳීමක් දැනෙනවා. ශබ්දය උපේක්ෂා සහගත නම් වෙනසක් තේරෙන්නෙ නෑ.

ස්පර්ශය වෙනස් වෙනකොට විඳීමත් වෙනස් වෙනවා....

දැන් අපි මෙහෙම කියමු. ඔන්න කෙනෙක් තව කෙනෙක්ට බනිනවා. එතකොට ඒ බැණුම අහන එක්කෙනාට දුක් සහගත විඳීමක් ඇතිවෙනවා. එයාගේ තරහකාරයෙක් එතන ඉන්නවා. එයාගේ කෙලෙස් වලට අනුව එයාට ඇතිවෙන්නේ මොකක්ද? යසයි මේකිට... යසයි මේකිට... කියලා සැප සහගත විඳීමක් තමයි එයාට තියෙන්නේ. එහෙනම් එක එක්කෙනාගේ තියෙන පසුබිම අනුව විඳීම වෙනස්. නාසයයි ගඳසුවඳයි විඤ්ඤාණයයි එකතු වෙනවා. ඒක නාසයේ ස්පර්ශය. සැප සහගත සුගන්ධයක් නම් ලැබෙන්නේ සැප විඳීමක් ඇතිවෙනවා. දුක් සහගත ගඳක් නම් තියෙන්නේ දුක් විඳීමක් ඇතිවෙනවා. ඒ දෙක මධ්‍යස්ථ එකක් නම් හිතේ වෙනසක් තේරෙන්නේ නෑ.

ඊළඟට දිවයි රසයයි විඤ්ඤාණයයි එකතු වෙනවා. සැප සහගත රසයක් නම් එයාට සතුටක් දැනෙනවා. දුක් සහගත රසයක් නම් එපා වෙනවා. ඒ දෙක නැතුව මධ්‍යස්ථ එකක් නම් එයාට ලොකු වෙනසක් තේරෙන්නෙ නෑ. කයයි පහසයි විඤ්ඤාණයයි එකතු වෙනවා. කෙනෙක් අඳිනවා හොඳ සිනිඳු වස්ත්‍රයක්. එතකොට එයාට ශරීරය පුරා ඒ වස්ත්‍රය ස්පර්ශ වෙනවා දැනෙනවා. එතකොට එයාට අනේ... මේ ඇඳුම හරී සනීපයි කියලා සතුටක් දැනෙනවා. රළු වස්ත්‍රයක් එයාට ලැබෙනවා. ඒක ඇඳපු ගමන් පීඩාවක් ඇතිවෙනවා. එතකොට එයාට ඒක දැනෙන්නේ දුක් විඳීමක් හැටියට. සාමාන්‍ය වස්ත්‍රයක් පොරවනවා. එයාට ලොකු වෙනසක් තේරෙන්නෙ නෑ.

නුවණැස් පාදන සිරි සදහම්.....

ඒ විදිහට ම හිතට අරමුණක් ආවාම අරමුණයි මනසයි විඤ්ඤාණයයි එකතු වෙනවා. සැප සහගත නම් ඒ අරමුණ හිතට සතුටක් එනවා. දුක් සහගත නම් අරමුණ හිතට දුකක් එනවා. එහෙම නැත්නම් හිතට ලොකු වෙනසක් තේරෙන්නෙ නෑ. මේ විදිහට ඒ ඒ ආයතනයන්ගෙන් අරමුණු විඳිද්දී හිත තෝරගන්නේ සැප පැත්තයි. තෝරගෙන ඒකට ඇලෙනවා. දුක් පැත්ත අහුවෙනකොට ඒකට ගැටෙනවා. උපේක්ෂා විඳීමට මුළා වෙනවා. එහෙමයි වෙන්නේ.

මේ නාමරූපයයි විඤ්ඤාණයයි සම්බන්ධය නොතිබුනොත් ඇහේ සපර්ශය ඇතිවෙන්නේ නෑ. නාමරූපයි විඤ්ඤාණයයි සම්බන්ධය නොතිබුනොත් කනේ ස්පර්ශය ඇතිවෙන්නේ නෑ. නාමරූපයයි විඤ්ඤාණයයි සම්බන්ධය නොතිබුනොත් නාසයට ගඳසුවඳ ස්පර්ශ වෙන්නේ නෑ. නාමරූපයි විඤ්ඤාණයයි සම්බන්ධය නොතිබුනොත් දිවට රසය ස්පර්ශ වෙන්නේ නෑ. නාමරූපයයි විඤ්ඤාණයයි සම්බන්ධය නොතිබුනොත් කයට පහස ස්පර්ශ වෙන්නේ නෑ. නාමරූපයයි විඤ්ඤාණයයි සම්බන්ධය නොතිබුනොත් මුකුත් දන්නෙ නෑ.

අවිද්‍යාව සහ සංස්කාර....

ඒ ක්‍රියාකාරීත්වය වෙන්න නම් එයාට පණ තියෙන්න එපැයි. එයා හුස්ම ගන්න, හුස්ම හෙළන කෙනෙක්. හඳුනාගන්න, විඳින කෙනෙක්. හිතන, කල්පනා කරන කෙනෙක්. එයා කාය සංස්කාර වැඩ

කරන කෙනෙක්. වචී සංස්කාර වැඩ කරන කෙනෙක්. චිත්ත සංස්කාර වැඩකරන කෙනෙක්. එහෙම කෙනෙකුට නේ ඕක වෙන්නේ. ඒ සංස්කාර වැඩකරන්නේ නිකම් නෙමෙයි. තනිකරම මෝඩකමින්.

එයා දුක කියන්නේ මොකක්ද කියලා දන්නෙ නෑ. මේ දුක හටගන්නේ මේ මේ කරුණු වලින් කියලා දන්නෙ නෑ. ඊළඟට මේකයි දුකේ නිරෝධය කියලා දන්නේ නෑ. දුක නිරුද්ධ වෙන්න තියෙන මාර්ගය මේකයි කියලා දන්නෙ නෑ. සමහර බෞද්ධ අය මොකක්හරි කරදරයකට පත්වුනාම ඒ දුකට හේතුව හැටියට කියන්නේ කර්මය. අනේ මේ මොකක්හරි කර්මයක් කියලා කියනවා. ඒකෙත් බැලූ බැල්මට එහෙම පැත්තකුත් තියෙනවා. ඇයි අකුසල් කර්මයක් නිසා දුක් විඳිනවා, රැස් කරපු පින් නිසා සැප විඳිනවා කියලා ව්‍යවහාරයකුත් තියෙනවනේ. ධර්මය තුළ ඒක තියෙනවා. ඒක ප්‍රතික්ෂේප වෙලා නෑ.

මේක එයාගේ කරුමේ....

හැබැයි ඒ කෑල්ල විතරයි එයා ගන්නේ. අරගෙන කවුරුහරි මොනවහරි වෙලා මැරුණහම අනේ එයාගේ කරුමේ.... විවාහ ජීවිතේ අසාර්ථක වෙලා එයාගේ ඒක කරුමේ..... ළමයි හම්බ වෙලා ඉන්නවා අංගවිකල. ඒක එයාගේ කරුමේ..... උගත්කම තිබ්බට රස්සාව නෑ. ඒක එයාගේ කරුමේ.... සල්ලි තිබුනට ලෙඩදුක්. ඒක එයාගේ කරුමේ.... කරන කියන දේවල් හරියන්නේ නෑ. ඒක එයාගේ කරුමේ.... ඒ විදිහට සම්මුතියෙන් කර්ම ව්‍යවහාරය බල බල ඉන්නවා මිසක් මේ දුක් විඳින්නේ ඉපදිච්ච නිසා කියලා පටිච්ච සමුප්පාදය පැත්තට හැරෙන්නෙ නෑ.

පටිච්ච සමුප්පාදය පැත්තට හැරෙන්නෙ නැති නිසා එයාට මේ ස්වභාවය ගැඹුරින් පේන්නෙ නෑ. ගැඹුරින් පේන්නෙ නැති නිසා විදර්ශනාව නෑ. දැන් ඔය අපි කිව්වේ විදර්ශනාව. පටිච්ච සමුප්පාදය කියන එක අයිති විදර්ශනාවටයි. ඒ විදර්ශනාව තුළ විමස විමස විමස බලද්දි තමයි මෙයා තේරුම් ගන්නේ මේ ඔක්කෝගෙම ස්වභාවය තමයි හේතු සකස් වෙනකොට ඵලය හැදෙන එක. හැබැයි ඒ සකස් වන හේතු බොහොම පුංචි කාලෙකට තිබිලා ඇතිවෙලා නැතිවෙනවා. එතකොට අර ඵලෙත් නැතිවෙනවා. අනිත්‍යයි. ඒ අනිත්‍ය ස්වභාවය නිසා එතන තියෙන්නේ දුකක්. ඒක තමන්ගේ වසඟයේ පවත්වන්න බෑ. අනාත්මයි.

විදර්ශනාව වරද්ද ගන්න එපා....

අන්න ඒ විදිහට විග්‍රහ කර කර බලන්න පුළුවන් වුනොත් එයා ත්‍රිලක්ෂණය දකින්නේ පටිච්ච සමුප්පාදයේමයි. පටිච්ච සමුප්පාදයෙන් තොරව දකින්න ත්‍රිලක්ෂණයක් නෑ. ගොඩක් අය විදර්ශනාව කියලා කරන්නේ ඇතිවෙනවා නැතිවෙනවා කිය කිය ඉන්නවා. අවබෝධයක් කරා යන්නෙ නෑනේ. සාමාන්‍ය ලෝකේ ඇතිවෙනවා නැතිවෙනවා කාටත් පේනවා. ඔන්න පුංචි කාලේ පින්තූරේ ලස්සනට ඉන්නවා බෝනික්කා වගේ. අවුරුදු පහළව විතර වෙනකොට තරුණියක්. අවුරුදු විසි පහ වගේ වෙනකොට මඟුල් ෆොටෝ එකේ ලස්සනට ඉන්නවා ඇඳගෙන.

අවුරුදු තිස්පහ වෙනකොට ළමයි එක්ක පින්තූරෙ ඉන්නවා අම්මා. අවුරුදු හැට වෙනකොට මුණුබුරු මිණිබිරියොත් එක්ක ඉන්නවා ආච්චි. ඔන්න අවුරුදු

අසූපහ වෙනකොට දරුවොයි මුණුබුරොයි මුණුබුරන්ගේ දරුවොයි ඔක්කොම එක්ක පින්තූරේ ඉන්නවා. දතුත් නෑ. කෙසුත් නෑ. හම වැහැරිලා. ඒ පින්තූර ටික පෝලිමට ගත්තොත් කාටත් පේනවනේ ඒ අනිත්‍ය. ඒක පෙනුනා කියලා මිනිස්සු තුළ අවබෝධයක් ඇතිවෙන්නෙ නෑ. හා.... අපේ පරම්පරාව විසාල නොවැ කියලා ආඩම්බරකමක් නම් ඇතිවෙයි. අනිත්‍ය ස්වභාවයක් ප්‍රකට වෙන්නේ නෑ.

හැම දේකම සැබෑ තත්වය නුවණින් විමසන්න ඕනෙ....

අනිත්‍ය ස්වභාවය ප්‍රකට වීමට නම් මේ හේතුප්‍රත්‍ය එකක් එකක් පාසා ඒවායේ සැබෑ ස්වභාවය විමසන්න ඕනෙ. නාමරූප මොන වගේද? විඤ්ඤාණය මොන වගේද? ආයතනයන්ගේ ස්වභාවය මොකක්ද? ආයතනයන්ට අරමුණු වෙන රූප, ශබ්ද, ගන්ධ, රස, ස්පර්ශ, අරමුණු වල ස්වභාවය මොකක්ද? ඊළඟට මේ සැප විඳීම කියන්නේ මොකක්ද? දුක් විඳීම කියන්නේ මොකක්ද? උපේක්ෂාව කියන්නේ මොකක්ද? තෘෂ්ණාව ඇතිවෙන්නේ කොහොමද? ඒ තෘෂ්ණාව නිත්‍ය දෙයක්ද? නැත්නම් අනිත්‍ය දෙයක්ද? කියලා විමසන්න ඕනෙ.

දැන් අපි ගත්තොත් පුංචි කාලේ අපි සෙල්ලම් බඩු වලට ආස කළා. ඊළඟට පොඩි දූලා, ගෑණු දරුවෝ ආසයි සෙල්ලම් බත් උයන්න. අපිටත් මතකයි චූටි කාලේ පොඩි වළං හොයාගෙන, සෙල්ලම් බත් උයාගෙන, කෑම පාර්සල් හදාගෙන සිරීපාදේ යනවා කෑ ගගහ. දැන් ළමයිට එච්චර මොළයක්වත් නෑ. ඉස්සර අපි වැඳලා බහින මේ නඩේට සුමන සමන් දෙවි පිහිටයි කිය කිය පුංචි කඳු

නගිනවා. දැන් ළමයිට එච්චර මොළේ නෑ. දැන් ළමයි කරන්නේ කොම්පියුටර් ගේම් ඔබ ඔබ ඉන්න එක. තවත් කාලකණ්ණි වෙනවා.

කාලෙන් කාලෙට අපේ ආසාවල් වෙනස් වුන හැටි....

ඔය විදිහට අපි පුංචි කාලේ ඒවට ආස කර කර හිටියා. ඊට පස්සේ පොඩි පොඩි සෙල්ලම් බඩු වලට ආස කර කර හිටියා. ඒවා ඉල්ලලා අපි අම්මත් එක්ක රණ්ඩු ඇල්ලුවා. අපිට ආස දේ දුන්නෙ නැත්නම් අපි අතේ තිබිච්ච එක පොළවේ ගහනවා. පොඩි කාලේ ආස කරපු ඒ දේවල් දැන් දැක්කත් අපි ඒ දිහා බලන්නෙවත් නෑ. පොඩි කාලේ ආසා කරපු ස්වභාවය අපි තරුණ වෙනකොට වෙනස් වුනා. තරුණ වෙද්දි ආසාව වෙනින් එකක්. ඊට පස්සේ අපි ආසා කළේ ලස්සනට කොණ්ඩෙ පීරලා ඉන්න. ලස්සනට ඇඳලා ඉන්න. තරුණ කාලේ ආසා කළේ තමන්ගේ කය සරසන්න.

පුංචි කාලේ ආසා කළේ කය සරසන්න නෙමෙයි. ඒ ගැන වගක්වත් නෑ. පුංචි කාලේ ආසා කළේ සෙල්ලම් බඩු වලට. තරුණ කාලේ ආසා කළේ තමන්ගේ ශරීරෙට. ඊළඟට විවාහ වුනාට පස්සේ ආස කරන්නේ දරුවන්ට, ගෙවල් දොරවල් වලට, සල්ලි වලට. ඊට පස්සේ දරුවෝ ලොකු මහත් වෙනකම්ම ඒක තමයි ලෝකෙ. දරුවෝ කසාද බන්දලා දුන්නට පස්සේ දරුවෝ තමන්ගෙන් වෙන් වුනා. ඔන්න එතන ලොකු හිඩසක් හැදෙනවා. ලොකු පාලුවක් හැදෙනවා කටින් කියාගන්න බැරි. ඊටපස්සේ ඒ පාලුව මකන්නේ දරුවන්ගේ දරුවෝ.

ඊටපස්සේ දරුවන්ට වගේම ආයෙත් ආදරේ කරන්න ගන්නවා දරුවන්ගේ දරුවන්ට.

බොහෝ දෙනෙකුගේ දිවිගමන අවසන් වෙන හැටි....

ඊටපස්සේ මේ අම්මා ඔහොම ඉන්දෙද්දි ටික ටික ලෙඩවෙලා මැරෙනවා. එක්කෝ ඒ තාත්තා ටික ටික ලෙඩවෙලා මැරිලා යනවා. පටිච්චසමුප්පාද ක්‍රමය තුළ ආයෙ ගිහිල්ලා අර ළමයින්ගේ ඇඟේ රිංගනවා පෙරේතයෝ වෙලා. එහෙම නැත්නම් අපි කියමු දරුවෝ රට යනවා. ඊට පස්සේ ඔන්න දරුවන්ට අඬගහනවා දරුවනේ වරෙල්ලා.... මං තනියම ඉන්නේ.... කියලා. දරුවන්ට එන්න විදිහක් නෑ. ඒගොල්ලෝ කියනවා අනේ අම්මේ එන්න විදිහක් නෑ...... තාත්තේ එන්න විදිහක් නෑ.... අපි කීයක් හරි එවන්නම් කියලා.

දරුවොත් නැති නිසා ඊටපස්සේ ආසා කරන්නේ වත්තපිටිය ගේදොරවලට. ඕන්න මැරිලා සත්තු සර්පයෝ වෙලා වත්තේ ඇවිද ඇවිද ඉන්නවා. ඒ ඔක්කොම වෙන්නේ පටිච්ච සමුප්පාදයෙන්. පටිච්ච සමුප්පාදය තුළමයි කෙනෙක් උපතක් කරා යන්නේ. පටිච්ච සමුප්පාදය තුළමයි සෝක වැලපීම්, දුක් දොම්නස් සුසුම් හෙළීම් සියල්ල හටගන්නේ. පටිච්ච සමුප්පාදය තුළමයි දුක හටගන්නේ. මම දවසක් ගමනක් යද්දි එක වැස්සියක් දැක්කා. මේ වැස්සි එක ගෙයක් දිහා බලාගෙන පාරේ යනවා. මේ පාරේ වාහන යනවද මොකුත් ම මතක නෑ මේ වැස්සිට.

පෙර මතකයන් අවදි වී....

බෙල්ල කරකවලා ඒ ගේ දිහා බලාගෙන ම ඇස් දෙක ලොකු කරන් පාරේ යනවා. ඒක දැකලා මම පුදුමයට පත්වුනා. අපි වාහනේ ස්ලෝව් කරගෙන බලන් හිටියා. මං අපේ වාහනේ හිටපු පුතාට කිව්වා පුතේ අනිවාර්යයෙන්ම මේ ගෙදර හිටපු අම්මා මේ කියලා. ඒ කිව්වුවම ඉපදිලා වැස්සියක් වෙලා. එයා හිතනවා ඇත්තේ මට දැකලා පුරුදුයි මේ ගෙදර.... මොකක්ද මේ....? කියලා ඒ වගේ මහා විස්මයකට පත්වෙච්ච ස්වභාවයක් තමයි තිබුනේ ඒ වැස්සිගෙ. එවෙලේ මට හිතුනා මේ නම් මේ ගෙදර හිටපු කෙනෙක් මයි කියලා. ඉතින් ගෙදර මිනිස්සු දන්නෙ නෑනේ. ඒ මිනිස්සු මසට විකුණනවා. ආයෙ මරණ භයෙන් කෑ ගගහ බෙට් හලාගෙන මරණයට මූණ දෙනවා.

එයාත් ද්වේශයෙන් මැරෙනවා මං පළිගන්නම් තොපෙන් කියලා. ඊටපස්සේ එක්කෝ ඔන්න යකින්නි වෙලා අර මිනිස්සු පස්සේ යනවා. දවසක් දෙවි කෙනෙක් බුදුරජාණන් වහන්සේගෙන් මේ ලෝකේ හසුරුවන්නේ කවුද? කියලා ඇහුවා. **චිත්තේන නීයති ලෝකෝ.** ලෝකය හසුරුවන්නේ සිත විසින් කිව්වා. එහාට මෙහාට ඇදලා දාන්නේ කවුද කියලා ඇහුවා. **චිත්තේන පරිකස්සති.** සිත තමයි කිව්වා මේ සත්වයාව එහෙට මෙහෙට ඇදලා දාන්නේ.

සිත පහදවා ගන්න මේ සත්‍ය වූ ධර්මය ගැන....

ඒකනේ බුදුරජාණන් වහන්සේ දේශනා කළේ හැම තිස්සෙම මේ සත්‍ය වූ ධර්මය ගැන සිත පහදවා ගන්න කියලා. සිත පැහැදුනේ නැත්නම් අපිට යන්න

වෙන තැනක් නෑ මේ රැස්වෙච්ච කුණු ගොඩවල් එක්ක පැටලෙනවා මිසක්. දැන් බලන්න අපේ ජීවිතේ අපි පුංචි කාලේ අපිට වෙනම ලෝකයක් තිබුනේ. පොඩි කාලේ අපි සහෝදර සහෝදරියෝ එක්ක එකට ඉන්දෙද්දි අනේ අපි ලොකු වුනහම වෙන් වුනොත් තනි වුනොත් කොහොමදෑ ඉන්නේ කියලා හිතට භය හටගත්තේ නැද්ද?

අම්මලා තාත්තලා නැතුව කොහොමද අපි ඉන්නේ කියලා හිතුනේ නැද්ද? නමුත් අපි ලොකු මහත් වෙද්දි අපේ අම්මලා තාත්තලා මැරිලා ගියේ නැද්ද? ඔන්න ඊටපස්සේ කසාද බැන්දා. ඊටපස්සේ හිතෙනවා මං ස්වාමියා නැතුව කොහොමද ඉන්නේ? බිරිඳ නැතුව කොහොමද ඉන්නේ? කියලා. ඊටපස්සේ ළමයි ලැබුනා. ඊටපස්සේ හිතන්නේ ළමයි නැතුව කොහොමද ඉන්නේ? කියලයි. ඊටපස්සේ නොයේක් ආකාරයට දුක් විඳ විඳ ඉන්දෙද්දි ඔන්න ස්වාමියා ඉන්දෙද්දි බිරිඳ මැරෙනවා. බිරිඳ ඉන්දෙද්දි ස්වාමියා මැරෙනවා. දෙමව්පියෝ ඉන්දෙද්දි දරුවෝ මැරෙනවා. වෙන් වෙවී යනවා.

කාලය මැව් වෙනසක අරුමේ....

පුංචි කාලේ වෙන ලෝකයක්. තරුණ කාලේ වෙන ලෝකයක්. අම්මලා තාත්තලා වශයෙන් වෙන ලෝකයක්. ආච්චිලා සීයලා වශයෙන් වෙන ලෝකයක්. එක එක ලෝක වලට වෙනස් වෙවී නෙමෙයිද මේ ආත්මේම අපි ආවේ. වෙන වෙන විදිහට නේද අපි එක එක පරිසර වලට මූණ දුන්නේ? පොඩි කාලේ පරිසරයට මූණ දෙනකොට ඒවා තමයි අපේ ලෝකෙ තිබුනේ. යොවුන් වියේදී මූණ දෙන පරිසරයේ තමයි අපේ ලෝකෙ තිබුනේ. ඊළඟට

මධ්‍යම වයසෙදි වෙනම ලෝකයක් තිබුනේ. අපි මහලු වෙද්දි අර ඔක්කෝම වෙනස් වෙලා වෙනත් එකක් අපේ ලෝකෙ තියෙනවා.

නමුත් ඒ සියල්ල අර දුක හදලා දෙන ලෝකෙන් වෙන් වෙලා නෑ. දුක හදලා දෙන ලෝකෙටම අයිති දේවල්. දුක හදලා දෙන ලෝකෙම තියෙන දේවල්. ඒකෙන් වෙන් වෙලා නෑ. ඒකෙන් වෙන් වෙන්න බෑ. අපි මේ ස්වභාවය තේරුම් ගන්න ඕනෙ ඒ ලෝකය තුළ ජීවත් වෙමින්. ධර්ම කථාව කරන පරිසරය තුළ ළඟින් ළඟින් ධර්මය ඇහෙනවා. ඇහුනට පස්සේ ඒ අසන්නා වූ ධර්මය අපි ඉස්සෙල්ලා ම කරන්න ඕනෙ මතකයට ගැනිල්ලයි. නමුත් අපේ මතකය දුර්වලයි. ඒ මතකය දුර්වල නිසා තමයි අපිට එකම දේ නැවත නැවත කියන්න වෙලා තියෙන්නේ.

ධර්මය මතකයෙන් ගිලිහෙන්න දෙන්න එපා....

දැන් අපි මීට කලින් මාස ගාණක් පටිච්ච සමුප්පාදය ඉගැන්නුවේ නැද්ද? අදත් තාම උගන්වනවා නේද? එතකොට කලින් ඇහුවට වඩා අපි ආයෙ ආයෙ කියද්දි කලින්ට වඩා පැහැදිලි වෙන්නෙ නැද්ද? පැහැදිලි වෙනවා. ඊට පස්සේ අපි ඒක පොතකටත් හරිගස්සලා දෙනවා කියවපං කියලා. ඒ පොත් ආයෙ කියව කියව ඒක එයා තේරුම් නොගත්තොත් මතකයෙන් ගිලිහෙනවා. ධර්මය මතකයෙන් ගිලිහුනාට පස්සේ තියෙන්නේ අර තම තමන් පහු කරගෙන ආපු ලෝකවල තියෙන කුණු ගොඩවල් ටික විතරයි.

අපි පහුකරන් ආවා පුංචි කාලේ වෙනම ලෝකයක්. ඊටපස්සේ පහු කරගෙන ආවා යෞවන කාලේ වෙනම ලෝකයක්. ඊටපස්සේ අඹුසැමියන් හැටියට දරුවොත් එක්ක වෙනම ලෝකයක්. ඊටපස්සේ ආච්චිලා සීයලා හැටියට මුණුබුරු මිණිබිරියන් එක්ක වෙනම ලෝකයක්. ඊටපස්සේ ගෙදර පරිසරයත් එක්ක වෙනම ලෝකයක්. මේ ලෝක ගොඩත් එක්ක ඇවිල්ලා ධර්මය අල්ල ගන්න බැරිවුනාට පස්සේ අපි ආයෙ වැළඳගන්නේ අර පරණ ලෝකෙමයි. අපිට එපා වෙන්නේ යමක් ද, අපි විඳවන්නේ යමකින් ද, අපිට නැවත නැවත සෝක වැලපීම් හටගන්නේ යම් ලෝකෙකින් ද, ඒ ලෝකෙ මිසක් වැළඳගන්න වෙනත් ලෝකයක් නෑ.

මේ ලෝකය පිහිටා තිබෙන්නේ දුක මතයි....

භාග්‍යවතුන් වහන්සේගෙන් ඇහුවා දෙවි කෙනෙක් **කිස්මිං ලෝකෝ පතිට්ඨිතෝ.** මේ ලෝකය තියෙන්නේ කුමක් මත පිහිටලාද කියලා. බුදුරජාණන් වහන්සේ වදාළා ලෝකය පිහිටලා තියෙන්නේ දුක මත කියලා. මේ ලෝකය උඩට ගන්නේ කවුද කියලා ඇහුවා. **තණ්හාය උඩ්ඩිතෝ ලෝකෝ** මේ ලෝකය උඩට ගන්නේ තණ්හාවයි කිව්වා. ලෝකය කියන්නේ ඇස කන නාසය දිව කය මනස. ඊට පස්සේ බුදුරජාණන් වහන්සේ ගෙන් ඇහුවා. **කෙනස්සු පිහිතෝ ලෝකෝ.** මේ ලෝකය වහන්නේ කවුද කියලා ඇහුවා. **මච්චුනා පිහිතෝ ලෝකෝ.** මේ ලෝකය වහන්නේ මරණය කිව්වා.

මැරිච්ච ගමන් එතන එයා නෑ. එයාගේ ලෝකෙ වැහුනා. එයාගේ ඇස් දෙක නෑ. කන් දෙක නෑ. නාසය නෑ. දිව නෑ. කය නෑ. මනස නෑ. අපි පොඩි කාලේ

ලස්සනට ඉඳලා ඊටපස්සේ ඔන්න තරුණ කාලේ ආවා. පොඩි කාලේ සෙල්ලම් බඩු වලට තැන දුන්නා. තරුණ වෙනකොට තමන්ගේ ශරීරෙට තැන දුන්නා. ඊළඟට කසාද බැඳලා ළමයි හම්බ වෙනකොට ටික ටික තමන්ගේ හැඩරුවට තැන දෙන එක අඩුවෙලා ගියා. ඊට පස්සේ ළමයි ගැන තමයි ඔලුවේ වැඩ කරන්න ගත්තේ. ඊටපස්සේ ටික ටික ඒ ළමයිවත් දීගතල දීගෙන ආච්චි වෙනවා. සීයා වෙනවා. ඒ වෙද්දි තමන්ගේ පිරිවර තමයි කොන්දේ අමාරුව, දියවැඩියාව, ආතරයිටීස්, ප්‍රෙෂර්.

අන්තිමට පිහිටට ඉතුරු වෙන්නේ හැරමිටිය විතරයි....

බුදුරජාණන් වහන්සේගෙන් ඇහුවා මේ ලෝකයාගේ පිරිවර කවුද කියලා. **කේනස්සු පරිවාරිතෝ.** බුදුරජාණන් වහන්සේ වදාළා **ජරාය පරිවාරිතෝ.** පිරිවර තමයි ජරාවට පත්වීම. තරුණ කාලේ කොණ්ඩේ තෙල් ගාලා කලු කරගෙන ඉන්නවා. වයසට ගිහිල්ලා කොණ්ඩේ සුදු වුනාට පස්සේ ඒ දිහා බලන්නෙවත් නෑ. කලින් නොයේක් ක්‍රීම් වර්ග ගාලා හම හදනවා. හම රැළි ගැහෙනකොට නවත්තගන්න බෑ. අතඅරිනවා ක්‍රීම් ටික. ඊටපස්සේ දතුත් එකින් එක ගැලවීගෙන යනවා. අන්තිමට පිහිට වෙන්නේ කොහේවත් යන හැරමිටියක්. අපි අකමැති වුනත් කැමති වුනත් මේ දේ අපට වෙනවාමයි. ජරාව පිරිවරාගෙන තමයි එයාගේ ලෝකෙ වැහිලා යන්නේ. දැන් බලන්න බුදු කෙනෙකුගේ ඤාණය. හැබෑ ලෙසම කියනවා නම් උන්වහන්සේ තමයි අපිව මේ අවිද්‍යා සහගත නින්දෙන් නැගිට්ටවලා තියෙන්නේ.

කිසිම දෙවියෙකුගෙන් අහන්න ලැබුනේ නෑ....

උන්වහන්සේ මේ දේශනාවල් පැහැදිලි නොකරන්න අපිට මේවා තේරුම් ගන්න, අහන්න කිසිම අවස්ථාවක් ලැබෙන්නෙ නෑ. කොහේවත් කවුරුවත් කියන්නෙ නෑ. දෙවියෙක් වත් කියන්නෙ නැහැ. ඔයගොල්ලෝ ඕනතරම් දේවාල වලට ගිහිල්ලා තියෙනවා නේ. කවදාවත් ඒ දෙවිවරු කිව්වද චතුරාර්ය සත්‍යය අවබෝධ කරපං කියලා? නෑ. මේකේ දුකක් තියෙනවා කියලා කිව්වද? නැනේ. ඇයි හේතුව? දෙවිවරු දන්නෙත් නෑ. මාර්ගඵලලාභී දෙවිවරු නම් දන්නවා. මාර්ගඵලලාභී දෙවිවරු නම් අවබෝධ කරපු ධර්මය ම කියනවා. ඒක තමයි මාර්ගඵලලාභී දෙවිවරුන්ගේ ස්වභාවය.

මාර්ගඵලලාභී දෙවිකෙනෙක් හම්බ වෙන්නේ කලාතුරකින් මනුස්සයෙකුට නේ. ඒ නිසා මේ ලෝකයේ බුදුරජාණන් වහන්සේ ගේ ධර්මය අපි කතා කළොත් තමයි භූමාටු දෙවි කෙනෙකුට හරි ඕක ඇහෙන්නේ. නැත්නම් දෙවිවරුත් දන්නෙ නෑ ධර්මය. දෙවිවරුත් මුළාවට පත්වෙනවා. අපි කියමු භූමාටු දෙවිවරු විමාන වල ඉන්නවා කියලා. තණ්හාවේ ස්වභාවය තමයි **තත්‍රතත්‍රාභිනන්දිනී** ගිය ගිය තැන ඒක තමන්ගේ කියලා ගන්නවා. ඉතින් ඒ ස්වභාවයෙන් යුතු සත්වයාගේ ඉරණම සතර අපායට ම විවෘත වෙලා තියෙන්නේ කියලා දෙවියොත් දන්නවා නම් ඒ දෙවිවරු මහන්සි වෙන්නේ නැද්ද මේ ධර්මය අවබෝධ කරන්න?

දෙවියන්ටත් පිහිටට තියෙන්නේ බුද්ධ ශාසනයයි....

ඇයි දෙවියන්ටත් ඇතිවෙන්න එපැයි ක්ෂණ සම්පත්තියක්. නැත්නම් දෙවියන්ටත් විසඳුමක් නැනේ. මනුස්ස ලෝකෙත් බොහෝ මිනිස්සුන්ට මේ ක්ෂණ සම්පත්තිය අහිමි වෙලා තියෙන්නේ. මනුස්ස ලෝකෙ අහිමි නම් දෙවියන්ටත් අහිමියි. ඒකයි බුදුරජාණන් වහන්සේ භික්ෂූන් වහන්සේලාට වදාළේ **දේසේථ භික්ඛවේ ධම්මං** මහණෙනි, ධර්මය කියන්න. (රහතන් වහන්සේලාටයි මේ කියන්නේ) **ආදි කල්‍යාණං මජ්ඣේ කල්‍යාණං පරියෝසාන කල්‍යාණං.** මුල කල්‍යාණ මැද කල්‍යාණ අවසානය කල්‍යාණ වූ ධර්මය කියන්න. **සාත්ථං සබ්‍යඤ්ජනං.** අර්ථ සහිත පැහැදිලි වචන ඇති ධර්මය කියන්න.

කේවල පරිපුණ්ණං පරිසුද්ධං බ්‍රහ්මචරියං. මුළුමනින් ම පිරිසිදු පිරිපුන් නිවන් මග කියන්න කිව්වා. **සන්ති භික්ඛවේ අප්පරජක්ඛජාතිකා.** මහණෙනි, කෙලෙස් අඩු අය ඉන්නවා මේ අතරේ. **අස්සවණතෝ ධම්මස්ස පරිහායන්ති.** මේ ධර්මය අහන්න නොලැබුනොත් ඒගොල්ලෝ පිරිහිලා යනවා. **භවිස්සන්ති ධම්මස්ස අඤ්ඤාතාරෝ.** ඒක අහන්න ලැබුනොත් විතරක් අවබෝධ කරගන්න අය ඇතිවෙයි. අවුරුදු දහස් ගාණක් තිස්සේ අපට මේ ධර්මය ඇහුනේ නෑ. ඉතින් කොහොමද අවබෝධ කරන අය පහළ වෙන්නේ.

ධර්මය ම මෙනෙහි කරන්න....

ඒ නිසා දැන් කලාතුරකින් මේ ධර්මය අපට අහන්න ලැබෙද්දි අපි ඒක නිවැරදිව පැහැදිලිව තේරුම්

ගන්න ඕනෙ. අද මේ දේශනාවෙදි මං ඔබට මුලින් ම කිව්වා පරිසරය ගැන. කර්මයට අපි ග්‍රහණය වෙලා ඉන්න හැටි. අපිට මේ සසර පැවැත්මේ කිසි වාසියක් නෑ කියලා කිව්වා. මේ සසර පැවැත්ම සකස් වෙලා තියෙන්නේ කලින් කලට ලැබෙන කර්ම විපාකයන්ට අනුවයි කිව්වා. ඊටපස්සේ කිව්වා අපට කලාතුරකින් ලැබිච්ච සම්පත්තියක් ගැන. ඒ තමයි ක්ෂණ සම්පත්තිය. මේ ක්ෂණ සම්පත්තිය මේ ආත්මේ අතඇරුනොත් වෙන දේ ගැන කිව්වා.

ක්ෂණ සම්පත්තිය ලබාගන්න නම් මේ අහන ධර්මය තමන් ඉස්සෙල්ලාම මතකයේ තියාගන්න ඕනෙ. ඒ සඳහා අපි ඔබට බොහෝ උදව් උපකාර කරලා තියෙනවා. තමන් දැනගන්න ඕනෙ කුණු ගොඩවල් මතකෙට ගන්නෙ නැතුව ධර්ම කාරණය මතක තබා ගන්න. මතකයට අරගෙන ඊට අනුකූල විදිහට ධර්මය මෙනෙහි කරන්න ඕනෙ. ධර්මය මෙනෙහි කරනකොට තමයි ඒ කෙනාට ඒ විදිහට ධර්මයේ හැසිරෙන්න පුළුවන් වෙන්නේ. ධර්මය මෙනෙහි කළේ නැත්නම් ධර්මයේ හැසිරෙන්න හම්බ වෙන්නේ නෑ.

අකුසල් ගැන භය ඇති කරගන්න....

දැන් බලන්න හිතලා සීනි අමාරුවක් හැදුනොත් කොච්චර අපි පරිස්සම් වෙනවද? ආස කරන දේවල් කන්නේ නෑ. මහන්සි වෙනවා අඩුයි. හැම තිස්සේම කකුලෙවත් තුවාලයක් හදාගන්න භයේ සෙරෙප්පු දෙක දාගෙනම ඉන්නවා. බොහෝම පරිස්සමින් ඉන්නවා. ඒත් අකුසල් ගැන කිසි ගාණක්වත් නෑනේ. හිතේ ධර්මය වැඩ කළා නම් ඒ ගැන සැළකිළිමත් වෙනවාද නැද්ද? ධර්මය

වැඩ කරන්න ධර්මය මතක තියෙන්න එපැයි. ධර්මය මතක තියෙන්න ධර්මය ඇහෙන්න එපැයි. එතකොට ධර්මය ඇහෙනවා නම් මතකයටත් උදව් කරනවා නම් ධර්මය මතකයට ගන්න එක දුර පේන කෙනාගේ නුවණක්කාර වැඩක්. ආන්න ඒ කටයුත්ත කරන්න අපි හැම දෙනාට ම වාසනාව ලැබේවා!

සාදු! සාදු!! සාදු!!!

02.
සවස් වරුවේ ධර්ම දේශනය...

ශ්‍රද්ධාවන්ත පින්වත්නි,

ඔබට මතකද අපි කලින් වතාවල පටිච්ච සමුප්පාදය ඉගෙන ගනිද්දි බුදුරජාණන් වහන්සේ පටිච්චසමුප්පාද ධර්මය බලන්න කියලා කියා දීපු එක එක ක්‍රම අපි ඉගෙන ගත්තා. ඉන් එකක් තමයි පටිච්ච සමුප්පාදයේ එක් එක් අංග සතර ආකාරයකින් නුවණින් විමසන්න කියලා උගන්වපු ක්‍රමය. කොහොමද ඒ? ජරාමරණ කියන්නේ මොනවද කියලා තමන් දැනගෙන ඉන්න ඕනෙ. ඊළඟට ජරාමරණ හටගන්නේ කොහොමද කියලා දැනගෙන ඉන්න ඕනෙ. ඊළඟට ජරාමරණ නිරුද්ධ වෙන්නේ කොහොමද කියලා දැනගන්න ඕනෙ. ඊළඟට ජරාමරණ නිරුද්ධ වීම පිණිස අපි කළයුතු දේ මොකක්ද කියලා දැනගෙන ඉන්න ඕනෙ.

බුදුරජාණන් වහන්සේ මේ සතර ආකාරයට ජරාමරණ ගැන, ඉපදීම ගැන, භවය ගැන, උපාදාන ගැන, තණ්හාව ගැන, විඳීම ගැන, ස්පර්ශය ගැන, ආයතන හය ගැන, නාමරූප ගැන, විඤ්ඤාණය ගැන, සංස්කාර ගැන

එකක් එකක් ගානේ දැනගන්න ඕනෙ කියලා දේශනා කළා. එහෙම දැනගත්තොත් එයා ඉන්නේ නිවනට ළං වෙලා. ඒ කිව්වේ එයා සංසාර ගමන කෙටි කරන්න සුදුසුකම් ලබනවා. මේ ගැන දන්නෙ නැති මෝඩ පහේ කෙනාට ඒක කරගන්න බෑ.

කල් නොයවා පිහිට ලැබෙන ධර්මය....

එතකොට එතනදී බුදුරජාණන් වහන්සේ පටිච්චසමුප්පාදයේ හැම අංගයක් ම නිරුද්ධ වීම පිණිස කළයුතු දේ හැටියට වදාළේ මොකක්ද? අංග අටකින් යුක්ත වූ වැඩපිළිවෙළේ යෙදෙන්න කිව්වා. හැබැයි මේ අංග අටෙන් යුක්ත වැඩපිළිවෙළේ යෙදෙන්න බෑ පළවෙනි අංගයට ප්‍රවේශ වෙන්නේ නැතුව. ඒ සම්මා දිට්ඨිය ඇතිකර ගැනීමයි. සම්මා දිට්ඨිය ඇතිකරගත්තොත් එයා දුක නිරුද්ධ වන වැඩපිළිවෙළට බැසගත්තු කෙනෙක් වෙනවා. යම් මොහොතක සම්මා දිට්ඨිය ඇතිවුනාද, ඒ මොහොතෙම එයා සතර අපායෙන් නිදහස්. යම් මොහොතක සෝවාන් වුනොත් ඒ ක්ෂණයෙන් ම එයා සතර අපායෙන් නිදහස්. මේ ප්‍රතිඵලය එච්චර කල් යන එකක් නෙමෙයි. එවෙලෙම ලැබෙන එකක්.

යම් දවසක එයා සකදාගාමී වුනාද, ඒ ක්ෂණයෙන් ම එයා භව ගමන ආත්ම දෙක තුනකට කෙටි කළා. යම් දවසක එයා අනාගාමී වුනාද, ඒ ක්ෂණයෙන්ම එයා කාම භවයෙන් නිදහස් වුනා. යම් දවසක එයා සර්ව සම්පූර්ණයෙන් නිකෙලෙස් වෙලා රහත් වුනාද, ඒ මොහොතේ එයා සියලු දුකින්, සියලු උපත් වලින්, සියලු පටිච්ච සමුප්පාදයෙන් නිදහස්. මේ ලෝක සත්වයා වහ වහාම දුකින් මුදවන මාර්ගයක් ලෝකයේ වෙන

කොහේවත් ම, කවුරු ළඟවත් නෑ. ඒ මාර්ගය පෙන්වා දුන්නේ බුදුරජාණන් වහන්සේ.

නිවැරදි දෘෂ්ටිය....

ඒ මාර්ගයේ පළවෙනි මාර්ග අංගය තමයි සම්මා දිට්ඨිය. සම්මා දිට්ඨිය ගැන ධර්මයේ උගන්වන්නේ **දුක්ඛෙ ඤාණං.** දුක පිළිබඳව තියෙන අවබෝධය. **දුක්ඛ සමුදයේ ඤාණං.** දුක හටගන්නේ මේ මේ කරුණු නිසා කියලා තමන්ට තියෙන අවබෝධය. **දුක්ඛ නිරෝධෙ ඤාණං.** මේ මේ කරුණු නිරුද්ධ වුනොත් මේ දුක ඉවරයි කියලා තමන්ට තියෙන අවබෝධය. **දුක්ඛ නිරෝධගාමිනීපටිපදාය ඤාණං.** ඒ වෙනුවෙන් කරන්න තියෙන්නේ මේ මේ දේවල් කියලා තමන්ට තියෙන අවබෝධය. මේ අවබෝධය තමන්ට තියෙනවා නම් ඒකට කියනවා දැක්ම හරි කියලා. සම්මා දිට්ඨිය කියලා කියනවා.

හරි දැක්මක් මෙතෙක් කල් අපිට සංසාරයේ ලැබුනේ නෑ. අපි මේ සසරේ ඉපදිච්ච වාර ගණන මෙතෙකැයි කියලා කියන්න බෑ. එක්තරා අවස්ථාවක බුදුරජාණන් වහන්සේ වදාළා මහණෙනි, මේ සංසාරයේ නැවත නැවත ඉපිද ඉපිද මේ මිනිස්සු කරලා තියෙන්නේ මහපොළොව නමැති සොහොන ගොඩ කරපු එක විතරයි කියලා. බුදුරජාණන් වහන්සේ එහෙම දේශනා කරන්නේ උන්වහන්සේට මේ ලෝක ස්වභාවය අවබෝධ වෙච්ච නිසා.

ලබා බුදුන්ගෙන් විවරණ සිරි....

අපි ගත්තොත් අපේ මහබෝසතාණන් වහන්සේගේ සිතේ තිබිච්ච බුද්ධත්වයට පත්වෙන්න ඕනෙ කියන අදහස ඉස්සෙල්ලා ම වෙනත් බුදු කෙනෙකුගේ මුවින් පිටවුනා.

දීපංකර කියන බුදුරජාණන් වහන්සේගේ කාලයේ අපේ බුදුරජාණන් වහන්සේ සුමේධ කියන ඉර්ධිබල සම්පන්න තවුසෙක් වෙලා වැඩසිටියා. උන්වහන්සේට ඕනනම් ඒ බුද්ධ ශාසනයේ රහත් වෙන්න පුළුවන් කම තිබුනා. නමුත් ඒ දීපංකර බුදුරජාණන් වහන්සේ සුමේධ බෝසතාණන් වහන්සේව දැකලා කිව්වා මෙයා සුළුපටු කෙනෙක් නොවෙයි. තව සාරාසංඛෙය්‍ය කල්ප ලක්ෂයක් ගියාට පස්සේ මේ කෙනා ගෞතම නමින් බුදු වෙනවා කිව්වා.

ඒ විදිහට සාරාසංඛෙය්‍ය කල්ප ලක්ෂයකට කලින් අපේ බෝසතාණන් වහන්සේ විවරණ ලබද්දිත් අපි සංසාරේ හිටියා. ඊටපස්සේ සම්බුදු වෙන්න ප්‍රාර්ථනාව හිතේ තියාගෙන දසපාරමී ධර්මයන් පුර පුර ආපු කාලය අසංඛෙය්‍ය කල්ප ලක්ෂ ගණන්. අසංඛෙය්‍ය කියන්නේ ගණන් කළ නොහැකි. ඊටපස්සේ නානා නමින් යුතු බුදුරජාණන් වහන්සේලා විසි හතර නමකගෙන් උන්වහන්සේට නියත විවරණ ලැබුනා. නියත විවරණ කියන්නේ ඒකාන්තයෙන්ම ස්ථිරව ම, මෙයා අසවල් කාලයේ, අසවල් නමින් බුදු වෙනවා කියලා ඒ බුදුරජාණන් වහන්සේලාගේ මුවින් ප්‍රකාශ වුනා.

නිවන් දකින්නට පින් මදි වෙන්නැති ඒකයි තවමත් සංසාරේ....

ඒ කාලෙත් අපි මේ සංසාරේ හිටියා. බලන්න මේ සසරේ දීර්ඝකම. අපි කරගත්තු දෙයක් නෑනේ. අඩුගානේ සම්මා දිට්ඨියවත් ඇතිකරගෙනද අපි? සත්තු වෙලා අපි ඉන්න ඇති. නිරයේ ඉන්න ඇති. ප්‍රේත ලෝකෙ ඉන්න ඇති. නොයෙක් ආකාරයේ ආත්ම ලබ ලබ අපිත් සසරේ

හිටියා. අපිට මේ පටිච්ච සමුප්පාද ක්‍රියාවලිය මේ විදිහට ම සිද්ධ වෙවී තිබුනා. ඒ අතරේ බුදුවරුත් පහළ වුනා. අටුවාවේ මම දැක්කා තියෙනවා බුදුරජාණන් වහන්සේට බෝසත් කාලේ පෙරුම් පුරද්දි දෙලක්ෂ දොළොස් දහසක් බුදුවරු මුණ ගැහුනා කියනවා.

එතකොට කී ලක්ෂයක් නිවන් දැකලද? අපි සම්මා දිට්ඨියවත් නැතුව තවමත් මේ සසරේ ඇවිද ඇවිද එනවා. මේ ආත්මෙත් අපි ඒ සම්මා දිට්ඨිය ඇතිකරගත්තෙ නැත්නම් ආයෙ යන්න තියෙන්නේ ආපු රටාවේමයි. බුදුරජාණන් වහන්සේ බුද්ධත්වය පිණිස එහෙම මෝරගෙන ඇවිල්ලා උන්වහන්සේ තුසිත දිව්‍ය ලෝකෙ සන්තුසිත කියන දිව්‍ය රාජයා වෙලා වැඩඉන්දෙද්දි දෙවියන් බඹුන් ඇවිල්ලා ආරාධනා කළා. මනුස්ස ලෝකෙට වඩින්න දැන් කාලය හරි කිව්වා. කාලය කිව්වේ ඒ වෙද්දි ධර්මාවබෝධයට උවමනා කරන පින මෝරපු අය ඉන්නවා කියන එකයි.

ක්ෂණ සම්පත්තිය අහිමි වීම....

අපේ පින මෝරලා තිබුනෙ නෑ. එතකොට මෙතෙක් කල් සසරේ අපි ඇවිල්ලා තියෙන්නේ ඇස් පේන අය වගේද, අන්ධයෝ වගේද? සම්මා දිට්ඨියක් නැතුව, කුසල් අකුසල් ගැන අවබෝධයක් නැතුව, හේතුප්‍රත්‍ය ධර්මයන් ගැන අවබෝධයක් නැතුව තනිකරම අන්ධයෝ වගේ ආව ගමනක් තියෙන්නේ. අපිට සමහර අවස්ථාවලදී ක්ෂණ සම්පත්තිය ලැබෙන්න ඇති. නමුත් ඒවායින් අපි ප්‍රයෝජනය අරගෙන නෑ. සංසාරේ යන සත්වයාට නිතර ලැබෙන්නේ ක්ෂණ සම්පත්තිය නෙමෙයි. ක්ෂණ සම්පත්තිය ලබන්න බැරි අවස්ථා. මොනවද ක්ෂණ සම්පත්තිය ලබන්න බැරි අවස්ථා?

බුදුරජාණන් වහන්සේ දේශනා කළා බුදු කෙනෙක් පහළ වෙලා ධර්මය දේශනා කරද්දි අවබෝධ කළයුතු එක්කෙනා ඉන්නේ නිරයේ නම් ඔන්න අවස්ථාව අහිමි වෙලා. අවබෝධ කළයුතු එක්කෙනා ඉන්නේ සතෙක් වෙලා නම් එයාටත් ක්ෂණ සම්පත්තිය අහිමියි. අවබෝධ කළයුතු එක්කෙනා ප්‍රේතයෙක් වෙලා නම් අවස්ථාව අහිමි වෙනවා. අවබෝධ කළයුතු එක්කෙනා දීර්ඝායුෂ ඇති ලෝකවල නම් ඒත් අහිමි වෙනවා.

අබුද්ධෝත්පාද කාලය....

ලෝකයේ බුදුවරු පහළ වුන කාල වල අපිත් ඒ තැන් වල හිටපු නිසා තමයි අපිට ඒ අවස්ථාව මග ඇරිලා ගියේ. අවබෝධ කළයුතු එක්කෙනා කියන දේ වැටහෙන්නෙ නැති මෝඩ කෙනෙක් නම් එයාටත් අහිමි වෙනවා. අවබෝධ කළයුතු එක්කෙනා මිත්‍යා දෘෂ්ටියේ ඉන්නවා බුදු කෙනෙක් පහළ වෙච්ච ප්‍රදේශයේම. එයාටත් ක්ෂණ සම්පත්තිය අහිමියි. අවබෝධ කළයුතු එක්කෙනා හොඳ නුවණක් ඇතුව මනුස්ස ලෝකෙ උපදිනවා. හැබැයි එතකොට බුදුවරුත් නෑ. ධර්මයත් නෑ. එයාටත් මේ අවස්ථාව අහිමියි.

අපිත් මෙතෙක් මේ දීර්ඝ සසරේ ඔහොම ඇවිල්ලා මේ මහා භද්‍ර කල්පයේ ඔන්න කකුසඳ බුදුරජාණන් වහන්සේ පහළ වුනා. ඒ බුද්ධ ශාසනයත් අපිට අහිමි වුනා. කෝනාගමන බුදුරජාණන් වහන්සේ පහළ වුනා. ඒ බුද්ධ ශාසනයත් අපිට අහිමි වුනා. කාශ්‍යප බුදුරජාණන් වහන්සේ පහළ වුනා. ඒ බුද්ධ ශාසනයත් අපිට අහිමි වුනා. ගෞතම බුදුරජාණන් වහන්සේ පහළ වුනා. උන්වහන්සේ ජීවමානව වැඩසිටි, රහතන් වහන්සේලා

ජීවමානව වැඩසිටි, ගෞතම බුද්ධ ශාසනය බැබළුණු ඒ යුගයත් අපට මගඇරුනා.

මේ අවස්ථාවේ අප්‍රමාදීව වීරිය කළොත්....

ගෞතම බුදුරජාණන් වහන්සේ පිරිනිවන් පාලා අවුරුදු දෙදාස් ගාණක් ගෙවුනට පස්සේ මේ යුගයේ පොත්පත් වල ලියවිලා තිබිච්ච නිසා ඒවා කියවගෙන, අහගෙන තමයි අපි යාන්තම් මේක දැනගන්නේ. මේ අවස්ථාවේ අපි මේ ධර්මය අල්ලගත්තොත්, ගෞතම බුද්ධ ශාසනයේ ධර්මය අවබෝධ කරගන්නවා කියන අදහසින් අපි වීරිය කළොත්, ආයෙත් අපට අවස්ථාවක් තියෙනවා මෛත්‍රී බුද්ධ ශාසනයේදී හරි සම්මා දිට්ඨිය ඇතිකරගන්න. මේ ආත්මේ වීරිය නොකළොත් ක්ෂණ සම්පත්තිය ආයෙත් අහිමි වෙනවා.

ක්ෂණ සම්පත්තිය අහිමි වෙලා කොහේහරි කොදෙව්වක ගිහිල්ලා අපි උපදියි. අචින්තෙය්‍ය වූ කර්ම විපාකයන්ගේ ක්‍රියාකාරීත්වය තමයි අපිව එහාට මෙහාට වීසි කරන්නේ දාං ලෑල්ලක ඉත්තෝ වගේ. ඒක වළක්වන්න තමයි මම කිව්වේ පින් රැස් කරගෙන, සේඛබල ඇති කරගෙන දෙවියන් අතරට පැනගන්න කියලා. හිත පරිස්සම් කරගෙන අපි සම්මා දිට්ඨිය ඇතිකරගන්න යම් විදිහකින් වීරිය කළොත් ඒක අපේ ජීවිතේ තීරණාත්මක වෙනසක් කරන දෙයක්.

අකුසල් විසින් හිතේ බලය අල්ලනවා....

දැන් අපට කායික වශයෙන් යම්කිසි හයියක් තියෙනවා. සුළුවෙන් හරි යම්කිසි දෙයක් මතක තියාගන්න

පුළුවන්කම තියෙනවා. යම් ප්‍රමාණෙකට ඇස් පේනවා. යම් ප්‍රමාණෙකට කන් ඇහෙනවා. යම් ප්‍රමාණෙකට ඇගේ සවි ශක්තිය තියෙනවා. වයසට යන්න යන්න ඒවා තව තව දුර්වල වෙන්න පටන් ගනිද්දි සම්මා දිට්ඨියක් ඇතිකරගැනීම උදෙසා අපි වීරියක් අරගෙන නැත්නම් අපේ ශරීරය දුර්වල වෙද්දි අපේ හිතේ බලය අල්ලන්නේ ධර්මය නෙමෙයි. අකුසල්මයි. වයසට ගිහිල්ලා, දුර්වල වෙලා අපි මරණයට පත්වුනාට පස්සේ කර්මානුරූපව කොහේ යයිද කියලා අපි දන්නේ නෑ.

දැන් අපි ගත්තොත් අපේ බෝසතාණන් වහන්සේ තුසිත දිව්‍ය ලෝකෙ ඉන්දෙද්දි දෙවියන් බඹුන් මනුස්ස ලෝකෙ උපදින්න කියලා ආරාධනා කළානේ. ඊටපස්සේ උන්වහන්සේ තුසිත දිව්‍ය ලෝකෙන් චුතවෙලා මහාමායා දේවීන් වහන්සේගේ කුසේ උපන්නේ මනා සිහියෙන්. ඒ කුස ඇතුලේ සිටියේ මනා සිහියෙන්. මව්කුසින් බිහිවුනේ මනා සිහියෙන්. උන්වහන්සේට ඔක්කොම මතකයි. අපිට මතකද අපි මව්කුසට ආවා? මතක නෑ. අපිට මතකද අපි මව්කුසක හිටියා? මතක නෑ. අපට මතකද මව්කුසෙන් බිහිවුනා? මතක නෑ. ඔය විදිහට ම අපි ආයෙමත් උපදියි මැරිලා.

සත්පුරුෂ භූමිය....

ඒ රටාවෙන් පැන ගන්න නම් මේ ජීවිතේ අපි ධර්මය පැත්තට හිත යොමු කරලා තියෙන්න ඕනෙ. මේ ජීවිතයේ ධර්මය ඇල්លුවේ නැත්නම් ආපු රටාවෙන්ම එයා යනවා. ඒ රටාව මාරයාටයි අයිති. ඒ රටාව ධර්මයට අයිති නෑ. ඒ රටාව භාග්‍යවතුන් වහන්සේගේ ශ්‍රාවකයන්ට අයිතිත් නෑ. මේ රටාවෙන් පැනගන්න නම් අඩුගණනේ සම්මා

දිට්ඨියවත් ඇතිකරගැනීමට වෙහෙසක් ගන්න ඕනෙ. ඒ වෙනුවෙන් නුවණින් කල්පනා කරලා තියෙන්න ඕනෙ. ඒ සඳහා සුදුස්සෙක් වීම පිණිස ගුණවත්කම් ඇතිකරගන්න ඕනෙ. ගුණවත්කම් වලිනුයි මේක වෙන්නේ.

මේ ධර්මයට කියනවා නමක් සත්පුරුෂ භූමිය කියලා. සත්පුරුෂයන්ගේ ලක්ෂණ මොනවාද? සත්පුරුෂයා අවංකයි. කුසල් වලට කැමතියි. අකුසල් වලට අකමැතියි. නිහතමානීයි. මෛත්‍රියෙන් යුක්තයි. තමන්ට යහපත පිණිස පවතින දේ කරනවා. අයහපත පිණිස පවතින දේ බැහැර කරනවා. මේ ගුණ වලින් යුක්ත සත්පුරුෂ කෙනාට ධර්මය අහුවෙනවා. සත්පුරුෂ ලක්ෂණ නැති එක්කෙනාත් ධර්මය ඉගෙන ගනියි. එයා මතකයෙන් එහාට යන්නේ නෑ.

හැම දියුණුවක්ම රඳා පවතින්නේ ගුණවත්කම් මතයි....

ඒ කියන්නේ ඒ ධර්මයෙන් එයාව වෙනස් කරන්නෙ නෑ. මතකයෙන් එහා දෙයක් වෙන ආකාරයට එයාගේ සිත කය වචනය හැදිලා නෑ. ඒ නිසයි කාලයක් තිස්සේ අපි ඔබට කියන්නේ ඉවසන්න.... මෛත්‍රිය ඇතිකර ගන්න.... කරුණාව ඇති කරගන්න.... නිහතමානී වෙන්න.... ලෝභ නැතිව ඉන්න.... ශ්‍රද්ධාව ඇතිකරග න්න.... පින් කරගන්න..... කියලා. ඒවායින් තමයි ටික ටික හොඳ සරු පසක් තමන් තුළ ඇතිවෙන්නේ. අන්න ඒ සරු පසේ පුණ්‍ය බීජය රෝපණය කරන්න පුළුවනි.

ධර්ම ඥානයෙන් ප්‍රයෝජනයක් තියෙන්නේ තමන් තුළ තියෙන ගුණවත්කම් මතයි. එහෙම නැත්නම් ඒකෙන්

ප්‍රයෝජනයක් ලැබෙන්නෙ නෑ. ඒ නිසා පින්වත්නි යම් විදිහකින් අපි සම්මා දිට්ඨිය ඇතිකර ගත්තොත් සසර දුකින් එතෙර වෙන වැඩපිළිවෙළ වන ආර්ය අෂ්ටාංගික මාර්ගය අපිට පටන් ගන්න පුළුවන්. මේ ආත්මේ අපිට ආර්ය අෂ්ටාංගික මාර්ගය විවෘත වෙන්නේ මේ ආත්මේ සම්මා දිට්ඨිය ඇතිකර ගත්තොත්.

උත්සාහය අපතේ යන්නෙ නෑ....

දැන් අපි කියමු මේ ආත්මේ සම්මා දිට්ඨිය ඇතිකර ගැනීම පිණිස අපි වීරිය වඩනවා. අපි උත්සාහවත් වෙනවා. අපි ධර්මය ඉගෙන ගන්නවා. සීලාදී ගුණධර්ම දියුණු කරගන්නවා. ඇස කන ආදී ඉන්ද්‍රියයන් පරිස්සම් කරගන්නවා. ඒවා කෙලෙස් වලට මිශ්‍ර වෙන්න නොදී ඉන්නවා. මේ ජීවිතේ අපි මේ වගේ මහන්සියක් ගත්තොත් ඒ ගන්න උත්සහය අවංක එකක් නම් ඒකේ ප්‍රතිඵලයක් නැතුව තියෙයිද? ඒකේ ප්‍රතිඵලයක් තියෙනවා. ප්‍රතිඵලය තමයි සම්මා දිට්ඨිය ඇතිකර ගන්න හැකියාව තියෙන කෙනෙක් හැටියට ඊළඟ ආත්මේ උපදිනවා.

හැබැයි මේ ආත්මේ ඒකට අවංක උත්සහයක් කරලා තියෙන්න ඕනෙ. මේ ආත්මේ අවංක උත්සහයක් කරලා නැත්නම් මේ ආත්මෙත් නෑ. ඊළඟ ආත්මෙත් නෑ. සම්මා දිට්ඨිය ඇතිකර ගැනීම සඳහා අවංක උත්සහයක් ගැනීමට උපකාරී වෙන දේවල් මහත් රාශියක් අපි ඔබට කියා දීලා තියෙනවා. අද හවස් වරුවේ අපි මේ කියා දෙන දේශනාවත් ඒ සඳහා බොහෝ උපකාරී වන දේශනාවක්. මේ දේශනාව ඇතුලත් වෙන්නේ සංයුත්ත නිකායේ ඛන්ධ සංයුත්තයේ. මේ දේශනාවේ නම නකුලපිතු සූත්‍රය. නකුලපිතු ගෘහපතියාට වදාළ දෙසුම.

අනේ ස්වාමීනී, මං දැන් නිතරම ලෙඩින්....

බුදුරජාණන් වහන්සේ එක්තරා කාලයක භග්ග කියන ජනපදයේ සුංසුමාරගිරි කියන පර්වතයේ භේසකලා කියන වනාන්තරයේ වැඩ සිටියා. ඒ කාලේ ඒ ප්‍රදේශයේ ම හිටියා නකුලමාතා නකුලපිතා කියලා දෙන්නෙක්. ඉතින් මේ නකුලපිතා බොහෝ වයසයි. වයස නිසාම අසනීපත් වැඩියි. දවසක් මේ නකුලපිතා බුදුරජාණන් වහන්සේව බැහැදකින්න හිමින් හිමින් ගියා. ගිහිල්ලා බුදුරජාණන් වහන්සේට වන්දනා කළා. වන්දනා කරලා කියනවා. අනේ ස්වාමීනී, භාග්‍යවතුන් වහන්ස, මම දැන් හරි වයසයි. මං දැන් ගොඩක් මහලුයි.

ඒ නිසා ස්වාමීනී, **ආතුරකායෝ** මට තියෙන්නේ ලෙඩ වෙච්ච කයක්. **අභිණ්හාතංකෝ** මට නිතර නිතර අසනීප වෙනවා. ඒ නිසා ස්වාමීනී, මට භාග්‍යවතුන් වහන්සේව නිතර නිතර බැහැදකින්න එන්න විදිහක් නෑ. මනෝභාවනීය භික්ෂූන්වත් ඒ කියන්නේ සිත් සතුටු වන ගුණධර්ම පුරන සඟ රුවන දැකගන්නත් මට අවස්ථාවක් නෑ. ඒ නිසා භාග්‍යවතුන් වහන්ස, මට බොහෝ කල් හිත සුව පිණිස පවතින අනුශාසනාවක් කරන සේක්වා කියලා කිව්වා. බලන්න මෙයා කොච්චර නුවණැති කෙනෙක්ද කියලා. කෙළිරි ගඟා ගිහිල්ලා නිකම්ම නිකම් දේශපාලනය කතා කළේ නෑ. මට බොහෝ කල් හිත සුව පිණිස පවතින් උපදේශයක් දෙන්න කියලා කිව්වා.

බිත්තර කටුවකින් වැහිච්ච එකක් වගේ....

එතකොට බුදුරජාණන් වහන්සේ වදාළා **ඒවමේතං ගහපති, ඒවමේතං ගහපති.** ගෘහපතිය, ඔය කතාව එහෙම්ම

ම තමයි කිව්වා. **ආතුරෝ හ'යං කායෝ** ගෘහපතිය, මේ කය රෝගී වන ස්වභාවයෙන් යුක්තයි. **අණ්ඩභූතෝ පරියෝනද්ධෝ.** හමකින් වැහිලා තියෙන්නේ හරියට බිත්තර කටුවකින් වැහිච්ච එකක් වගේ. ඔය හිටපු ගමන් මිනිස්සු ඇක්සිඩන්ට් වෙනවා. බිත්තරේ චප්ප වුනා වගේ මිනිස්සු චප්ප වෙන්නේ.

ඔබට මතක ඇතිනේ පසුගිය දවස්වල අර ඩිපෙන්ඩර් වාහනයක් බස් එකක් ඉස්සර කරන්න යද්දි අනිත් පැත්තෙන් ආපු බස් එකයි මේ පැත්තේ බස් එකයි දෙකට මැදිවෙලා චප්ප වුනා. ඩිපෙන්ඩර් කියන්නේ හොඳ හයි හත්තිය තියෙන වාහන කියලනේ කියන්නේ. ඇතුලේ හිටපු ඔක්කොම නිකම් බිත්තර පොඩි වුනා වගේ. එතකොට බලන්න මේ කයේ සැබෑ ස්වභාවය.

අඥානකම මිසක් වෙන මොකක්ද...?

බුදුරජාණන් වහන්සේ දේශනා කරනවා ඒ නිසා ගෘහපතිය, මෙබඳු වහා නැසෙන, නිතරම රෝගාතුර වෙන ශරීරයක් ඇතිකෙනා ශරීරය මුල් කරගෙන නිරෝගී බව ගැන කයිවාරු ගහනවා නම් ඒක මෝඩකම මිසක් වෙන දෙයක් නෙමෙයි කියනවා. **කිමඤ්ඤත්‍ර බාල්‍යං.** අඥානකම මිසක්කා වෙන මොකක්ද කියලා අහනවා. ඔන්න ඊටපස්සේ බුදුරජාණන් වහන්සේ අවවාදයක් දෙනවා. ඒ නිසා ගෘහපතිය, මෙන්න මේ විදිහට පුරුදු වෙන්න. " මේ ලෙඩවෙන ස්වභාවයෙන් යුක්ත ශරීරය ලෙඩවෙලා ගියාවේ. නමුත් මං සිත ලෙඩ කරගන්නේ නෑ" කියලා.

දැන් බලන්න බුදුරජාණන් වහන්සේගේ අවවාදය. ඉතින් නකුලපිතු ගෘහපතිට ඒ අවවාදෙට හරි සතුටුයි.

බොහොම ප්‍රීතියට පත්වෙලා, බුදුරජාණන් වහන්සේට වන්දනා කරලා, උන්වහන්සේගේ වටේ ප්‍රදක්ෂිණා කරලා ඊටපස්සේ ඒ නකුලපිතු ගෘහපතියා අපේ ධර්මසේනාධිපතීන් වහන්සේව සොයාගෙන ගියා. ගිහින් ධර්ම සේනාධිපතීන් වහන්සේට වන්දනා කළා. වන්දනා කරලා එකත්පස්ව වාඩිවුනා. එතකොට ධර්ම සේනාධිපති සාරිපුත්ත මහරහතන් වහන්සේ නකුලපිතු ගෘහපතියාගෙන් අහනවා 'පින්වත් ගෘහපතිය, ඔබ හරි ලස්සනයි නොවැ අද. බොහෝම ඉඳුරන් පහන් වෙලා නොවැ. මූණත් එළිය වැටිලා. මොකදෑ අද භාග්‍යවතුන් වහන්සේ මුණගැහුනට පස්සේ විශේෂ බණක් ඇහුවාද?' කියලා ඇහුවා.

මම අමෘතයෙන් අභිෂේක ලැබුවා....

එතකොට කියනවා '**කිං හි නෝ සියා භන්තේ** එහෙම නැතුව ස්වාමීනී, අද මං භාග්‍යවතුන් වහන්සේගේ උතුම් බුදු බණ නමැති අමෘතයෙන් අභිෂේක ලැබුවා' කිව්වා. දැන් බලන්න අර පුංචි වචනෙට ගරු කරපු හැටි. භාග්‍යවතුන් වහන්සේගේ බුදුබණ නමැති අමෘතයෙන් අභිෂේක ලැබුවා කිව්වා. අද මනුෂ්‍යන්ගේ ගුණවන්තකම අඩුයි කියන්නේ වටිනා ධර්මයක් කියද්දි මේ ධර්මයට නොගැලපෙන ප්‍රශ්නයක් තමන් තුළ උපදිනවා. ධර්මයට අපහදින කාරණයක් තමන් තුළ උපදිනවා. ඉපදිලා ඔන්න ඒක අහනවා. අද කාලේ හරියට ඒක වෙනවා.

අපිටත් හිටපු ගමන් බණ කියන්න එපා වෙනවා. ඇයි ධර්මය කියනකොට ධර්මයට කිසිසේත් සම්බන්ධ නැති නොගැලපෙන විකාර කතා අහනවා. ඇයි හේතුව? ධර්මය කෙරෙහි ගෞරවය හටගන්නෙ නෑ. මේ නකුල ගෘහපතිතුමා හොඳටම වයසට ගිය

නාකි කෙනෙක්. කියනවා 'එහෙම නොවී තියෙයිද ස්වාමීනී. අද මං භාග්‍යවතුන් වහන්සේගේ බුදුබණ නමැති අමෘතයෙන් අභිෂේක ලැබුවා' කියලා. අමෘතයෙන් අභිෂේක ලැබුවා කියන්නේ අමෘතය හිස මුදුනට වක්කර ගත්තා කියන එකයි.

කය ලෙඩ වුනත් සිත ලෙඩ කරගන්න එපා....

එතකොට ධර්ම සේනාධිපති සාරිපුත්ත මහරහතන් වහන්සේ අහනවා 'ගෘහපතිය, ඔබ භාග්‍යවතුන් වහන්සේගේ බුදු බණ නමැති අමෘතයෙන් අභිෂේක ලැබුවේ කොහොමද?' "අනේ ස්වාමීනී, මම භාග්‍යවතුන් වහන්සේව මුණගැහෙන්න ගියා. ගිහින් උන්වහන්සේට වන්දනා කරලා එකත්පස්ව වාඩිවුනා. ඊටපස්සේ මං කියා හිටියා 'අනේ ස්වාමීනී, මං දැන් බොහෝම වයසයි. මට නිතර ඇවිදින්න බෑ. ආබාධ හටගන්නවා. බොහෝ අවස්ථා වල මම ලෙඩින් ඉන්නේ. ඒ නිසා මට භාග්‍යවතුන් වහන්සේව නිතර බැහැ දකින්න අවස්ථාවක් නෑ. මනෝභාවනීය භික්ෂු සංඝයා බැහැදකින්න අවස්ථාවකුත් නෑ. අනේ ස්වාමීනී, මට බොහෝකල් පිහිට පිණිස හේතුවෙන බණ ටිකකින් අවවාදයක් කරන්න' කියලා කිව්වා.

ස්වාමීනී, එතකොට භාග්‍යවතුන් වහන්සේ මට මෙහෙම වදාළා. 'ගෘහපතිය, ඔය කතාව ඇත්තක්මයි. වයසට ගියපු කය නිරන්තරයෙන් ලෙඩ වෙන බව ඇත්තක්මයි. ගෘහපතිය, හරියට නිකම් බිත්තර කටුවකින් වැහිලා තියෙන දෙයක් වගෙයි මේ කය තියෙන්නේ. මෙබඳු

කයක් පරිහරණය කරමින් ඉන්න කෙනා මොහොතකට හරි නීරෝගීකම ගැන කයිවාරුවක් ගහනවා නම් ඒක උන්දැලාගේ අඥානකම මිසක් වෙන මොකක්ද? ඒ නිසා ලෙඩ වෙන කය ලෙඩ වෙලා ගියාවේ. හිත විතරක් ලෙඩ කරගන්නෙ නැතුව ඉන්න කියලා මෙන්න මේ අමෘතයෙන් මාව අභිෂේක කළා" කිව්වා.

මං ඕනතරම් දුරක ඉඳගෙන වුනත් එනවා....

බලන්න ඒ කාලේ හිටපු අය බුදුබණට තිබිච්ච ගෞරවය මොනතරම්ද? අද ගණන් ගන්නෙ නෑ. වෙනස් වෙලා. එවෙලේ සාරිපුත්ත මහරහතන් වහන්සේ අහනවා 'ගෘහපතිය, එතකොට ඔබට භාග්‍යවතුන් වහන්සේ ගෙන් "ස්වාමීනී, ශරීරය ලෙඩ වෙද්දි සිතත් ලෙඩවෙන්නේ කොහොමද? ශරීරය ලෙඩ වෙද්දි සිත ලෙඩ කරගන්නේ නැතුව ඉන්නේ කොහොමද?" කියලා අහන්න හිතුනේ නැද්ද?' කියලා ඇහුවා. එතකොට කියනවා 'අනේ ස්වාමීනී, සාරිපුත්තයන් වහන්ස, ඕනතරම් දුර මං එන්න කැමතියි ඔබවහන්සේ ළඟට ඔය විස්තරේ අහගන්න. ඒ නිසා සාරිපුත්තයන් වහන්සේ මට ඔය කාරණය පහදලා දෙන සේක්වා' කියලා කිව්වා.

හරි ලස්සන යුගයක් නේද? සත්පුරුෂ මිනිස්සුන්ගේ යුගය කොහොමත් ලස්සනයි. සත්පුරුෂ මිනිස්සුන්ගේ කටයුතු හරී පහසුයි. ඉතින් සාරිපුත්ත මහරහතන් වහන්සේ වදාළා 'එහෙනම් ගෘහපතිය, හොඳට අහගන්න. මං කියාදෙන්නම්' කියලා. "ගෘහපතිය, **අස්සුතවා පුථුජ්ජනෝ** අශ්‍රැතවත් පෘථග්ජනයෙක් ඉන්නවා. අස්සුතවා කියන්නේ

බුදු කෙනෙකුගේ බණක් ඇහිලා නෑ. මෙතන ඇහිලා නෑ කියන්නේ හිතට ගිහින් නෑ කියන එකයි.

පෘථග්ජනයාගේ ලක්ෂණ....

ඒ අශ්‍රැතවත් පෘථග්ජන කෙනා **අරියානං අදස්සාවී.** ආර්යයන් වහන්සේලා කවුද කියලා අඳුනන්නේ නෑ. **අරියධම්මස්ස අකෝවිදෝ.** ආර්ය ධර්මය කුමක්ද කියලා තේරුම් ගන්න දක්ෂ නෑ. **අරියධම්මේ අවිනීතෝ.** ආර්ය ධර්මයේ පුහුණු වෙලා නෑ. **සප්පුරිසානං අදස්සාවී.** සත්පුරුෂයෝ කවුද කියලා අඳුරන්නෙ නෑ. **සප්පුරිසධම්මස්ස අකෝවිදෝ.** සත්පුරුෂ ධර්මය මොකක්ද කියලා තේරුම් ගන්න දක්ෂ නෑ. **සප්පුරිසධම්මේ අවිනීතෝ.** සත්පුරුෂ ධර්මයේ පුහුණු වෙලා නෑ.

ඒ නිසා එයා තමන්ගේ ශරීරය දිහා බලන්නෙ කොහොමද? **රූපං අත්තතෝ සමනුපස්සති.** රූපය දකිනවා තමා කියලා. **රූපවන්තං වා අත්තානං.** එහෙම නැත්නම් දකිනවා රූපයෙන් හටගත්තු තමා නමැති ආත්මයක්නේ මේ තියෙන්නේ කියලා. **අත්තනි වා රූපං.** එහෙම නැත්නම් හිතනවා තමන්ගේ ආත්මය තුළ තමයි මේ ශරීරය තියෙන්නේ කියලා. **රූපස්මිං වා අත්තානං.** එහෙම නැත්නම් මේ ශරීරය තුළ තමයි තමන්ගේ ආත්මය තියෙන්නේ කියලා හිතනවා.

රූපය පිළිබඳ සක්කාය දිට්ඨිය....

රූප කියලා කියන්නේ සතර මහා භූතයන් ගෙන් හටගත්තු දේ. සතර මහා භූතයන්ගෙන් හටගත් මේ ශරීරය එයා හඳුනාගෙන තියෙන්නේ ආත්මයක් කියලා.

එහෙම නැත්නම් එයා අදහගෙන තියෙන්නේ ආත්මය හැදිලා තියෙන්නේ මේ ශරීරයෙන් කියලා. එහෙම නැත්නම් අදහගෙන තියෙන්නේ ආත්මය තුළ තමයි මේ ශරීරය තියෙන්නේ කියලා. එහෙම නැත්නම් අදහගෙන තියෙන්නේ ශරීරය තුළ තමයි ආත්මය තියෙන්නේ කියලා.

අහං රූපං මම රූපන්ති පරියුට්ඨායී හෝති. එයා මේ ශරීරය මම කියලා ගන්නවා. මේ ශරීරයේ තියෙන කොටස් ඔක්කොම මගේ කියලා ගන්නවා. මගේ කෙස්, මගේ නහය, මගේ කන්, මගේ අත්පා, මගේ කොන්ද, මගේ ශරීරය, මගේ ඇඟිලි කියලා ඔක්කෝම මගේ මගේ කියලා ගන්නවා. බුදුරජාණන් වහන්සේ දේශනා කළා ඒ විදිහට රූපය හිතෙන් වැළඳගෙන ඉන්න එක්කෙනාගේ ශරීරය වයසට යනවා. ලෙඩ වෙනවා. ඇස් දෙක පේන්නෙ නැතුව යනවා. එතකොට එයා කෑගහලා අඬන්න ගන්නවා 'අනේ මට මොකද මේ වුනේ...?' කියලා. අන්න කය ලෙඩ වෙච්ච ගමන් සිතත් ලෙඩ වුනා.

පණ පිටින් කුණු වෙනවා මේ ශරීරය....

ඔන්න කන් දෙක ඇහෙන්නෙ නැතුව යනවා. 'අනේ මට ඉස්සර හොඳට ඇහුනා.... දැන් මට මේ මොකද වුනේ...?' ඇවිද ගන්න බැරුව යනවා. 'අනේ මං ඉස්සර හොඳට ඇවිද්දා.... දිව්වා පැන්නා.... මට දැන් මුකුත් බෑනේ....' කියලා වැලපෙන්න ගන්නවා. සමහරවිට ඔන්න සීනි අමාරුව වැඩිවෙනවා. වැඩිවෙනකොට ඔන්න කකුලේ තුවාලයක් හැදෙනවා. දන්නෙම නෑ කුණු වෙනවා. මේ ඇඟපත කුණුවෙන්න වැඩි වෙලාවක් යන්නෙ නෑ. උදේ තුවාලේ ඇතිවුනා. රෑ වෙද්දි ඉදිමුනා. පහුවදා බලද්දි කුණුවෙලා. එහෙම වෙනවා.

මට මතකයි අපි පොඩි කාලේ පන්සලේ ඉන්දෙද්දි ඒ ගමේ එක මහත්තයෙක් හිටියා. ඒ මහත්තයා යාළුවොත් එක්ක හවස නාන්න වැවට ගියා. නාගෙන එද්දි එරමිණියා අත්තක් වැදිලා මූනේ ඇහැ පොඩ්ඩක් හීරිලා. රෑ යාලුවොත් එක්ක පාටියක් දාලා බීලා නිදාගත්තා. උදේ බලද්දි ඇහැ ඉදිමිලා. පේරාදෙණියේ ගියා. යනකොට ඇහැ කුණු වෙලා. දොස්තර මහත්තයා ඔලුවේ අත්දෙක ගහගෙන 'එක ඇහැක් කුණු වෙලා. අනිත් ඇහැත් කුණු වෙන්න ඉස්සර වෙලා මේක ගලවපං' කිව්වලු.

පෘථග්ජනයාගේ වැලපීම....

බැඳලා මාස තුනයි. අපි පොඩි කාලේ සිද්ධියක් මේ. බැඳලත් ඉස්සෙල්ලාම පන්සලට ඇවිල්ලා පිරිත් එහෙම කියාගෙන ගියේ. ඊටපස්සේ ඔන්න ඒ ඇහැ ගැලෙව්වා. අපේ පන්සලට ඇවිල්ලා 'අනේ මට මොකද මේ වුනේ.... කියන්න පොඩි හාමුදුරුවනේ...' කිය කිය වැලපුනා. මොකද හේතුව? ආර්ය ධර්මයේ පුහුණු වෙලා නෑ. ආර්ය ධර්මය දන්නෙ නෑ. සත්පුරුෂ ධර්මය පුහුණු වෙලා නෑ. සත්පුරුෂ ධර්මය දන්නෙ නෑ.

ඒ වගේ මිනිස්සු කොච්චර නම් ඔය ඉස්පිරිතාල වල අඬනවා ඇද්ද? වැලපෙනවා ඇද්ද? ඔය පිළිකා රෝහලේ, අනිත් රෝහල් වල කොච්චර නම් මිනිස්සු දුකට පත්වෙවී ඉන්නවද 'අනේ ඇයි අපිට මෙහෙම වුනේ....' කිය කිය. තමන්ගේ රූපය පෙරලෙනකොට ඒ අනුසාරයෙන්ම සිතත් පෙරලෙනවා. රූපය පෙරලෙද්දි සිතත් ඒ විදිහට පෙරලුනේ රූපයේ ස්වභාවය මේකයි කියලා අහලා තිබුනේ නැති නිසයි. රූපය තුළ තමා කියලා කෙනෙක් නෑ කියලා වැටහිලා තිබුනෙ නැති නිසයි.

සක්කාය කියන්නේ ස්වකීය කය....

මේ රූපය අනිත්‍ය ස්වභාවයට පත්වෙද්දි එයා වැලපෙන්නේ රූපය පිළිබඳ අර කලින් කියපු සතර ආකාරයේ සක්කාය දිට්ඨිය එයා තුළ තිබෙන නිසයි. දිට්ඨි කියන්නේ දැක්ම. තවත් විදිහකින් කිව්වොත් පේන හැටි. එහෙම නැත්නම් තේරුම් ගිය හැටි. සක්කාය කියන්නේ ස්වකාය, ස්වකීය කය, තමන්ගේ කය හැටියටයි එයා තේරුම් අරන් තියෙන්නේ. සක්කාය දිට්ඨිය කියන එකේ තේරුම ඒකයි. රූපය තමන්ගේ කය හැටියට තේරුම් අරගෙන සිටීමට කියනවා රූපය පිළිබඳ සක්කාය දිට්ඨිය කියලා.

නැත්නම් සක්කාය දිට්ඨිය සක්කාය දිට්ඨිය කියලා කිව්වට ගොඩක් අය දන්නෙ නෑනේ මොකක්ද මේ සක්කාය දිට්ඨිය කියලා. මට මතකයි දවසක් ඔය ඉන්දියාවේ සාධුවරයෙක් මට කිව්වා මේ මානව ශරීරය හරී පවිත්‍රයි කිව්වා. මං බැලුවා සති ගාණක් නාලා නෑ ඒ සාධු. ගන්දස්සාරේ ගඟහ මානව ශරීරය පවිත්‍රයි කියනවා. මට හිතුනා අනේ මේගොල්ලන්ගේ අවිද්‍යාවේ තරම කියලා. ඇයි හේතුව නිර්මල ධර්මයක් ඇහිලා නෑ. එතකොට අශ්‍රැතවත් පෘථග්ජන කෙනා රූපය දකින්නේ කොහොමද? ශරීරය තමන් කියලා ගන්නවා. එහෙම නැත්නම් ගන්නවා ශරීරයෙන් හැදිලා ඉන්නවා තමන් කියලා කෙනෙක්. එහෙම නැත්නම් ගන්නවා ශරීරය තුළ තමයි තමන් ඉන්නේ. එහෙම නැත්නම් ගන්නවා තමන් තුළ තමයි ශරීරය තියෙන්නේ. ඕක තමයි සක්කාය දිට්ඨිය.

මිහිඳු මහරහතන් වහන්සේ....

මහාවංශයේ සඳහන් වෙනවා අපේ මහින්ද මහරහතන් වහන්සේ උජ්ජේනි නුවර යුවරජ කමට පත්කරන්න අදහස් කරපු වෙලාවේ උන්වහන්සේ කැමති වුනේ පැවිදි වෙන්නයි. ඊටපස්සේ ධර්මාශෝක රජ්ජුරුවෝ පෙරහැරෙන් එක්කන් ගිහිල්ලා තියෙන්නේ පුත් කුමාරයාව පැවිදි කරන්න. මහින්ද කුමාරයා කියන්නේ ධර්මාශෝක රජ්ජුරුවන්ගෙන් පස්සේ ඊළඟට රජවෙන්න ඉන්න යුවරජ්ජුරුවෝ. පෙරහැරෙන් පාටලීපුත්‍රයේ අසෝකාරාමෙට එක්කන් ගියා.

මොග්ගලීපුත්තතිස්ස මහරහතන් වහන්සේ මහින්ද කුමාරයාව පැවිදි කරලා දීලා තියෙන්නේ දෙතිස් කුණුප භාවනාව. මේ කයේ කෙස් ඇත්තේය, ලොම් ඇත්තේය, නියපොතු ඇත්තේය, සම ඇත්තේය කියලා වෙන් කර කර බලන්න කිව්වා. මේ දෙතිස් කුණුප භාවනාව කිරීමට මහා පින් රැස්කරපු සිතක් තියෙන්න ඕනෙ. නැත්නම් හිතේ ස්වභාවය තමයි ලාමක දේට ක්ෂණයෙන් හිත බහිනවා. ශ්‍රේෂ්ඨ වූ දේට සිත නග්ගගන්න හරී අමාරුයි. මේ දෙතිස් කුණුප භාවනාව කරලා උන්වහන්සේ සුළු කලකින් සෝවාන් ඵලයට පත්වුනා කියනවා. සක්කාය දිට්ඨිය ප්‍රහාණය වුනා.

විඳීම පිළිබඳ සක්කාය දෘෂ්ටිය....

එහෙනම් සක්කාය දිට්ඨිය ප්‍රහාණය කරන්න උපකාරී වන භාවනාවක් තමයි අසුභ භාවනාව. කැලි කැලි වෙන් කර කර ධාතු ස්වභාවය බලද්දි මේ කය තමන් කියලා තමන් තුළ ඇතිකර ගත්තු දැක්ම (සක්කාය

දිට්ඨිය) ගැලවිලා යනවා. මේකේ එහෙම එකක් නෑ කියලා අවබෝධ කරනවා. ඊළඟට ධර්මසේනාධිපතීන් වහන්සේ නකුලපිතු ගෘහපතියාට දේශනා කරනවා මේ අශ්‍රැතවත් පෘථග්ජනයා විඳීම හටගන්නේ ස්පර්ශය ප්‍රත්‍යයෙන් කියලා දන්නෙ නෑ.

ඇහෙන් රූප දැකලා විඳීම හටගන්නවා. කනෙන් ශබ්ද අහලා විඳීම හටගන්නවා. නාසයෙන් ගඳසුවඳ ආඝ්‍රාණය කරලා විඳීම හටගන්නවා. දිවෙන් රස විඳලා විඳීම හටගන්නවා. කයෙන් පහස ලබලා විඳීම හටගන්නවා. මනසින් අරමුණු සිහිකරනකොට විඳීම හටගන්නවා. මට මතකයි අර සුභා රහත් තෙරණියගේ ථේරී ගාථා වල එතුමිය අර ධූර්තයාට කියනවා මේ ශරීරය ගැන කතාවක්. මේ ජීවිතය සිත විසින් මෙහෙයවන රූකඩයක් වගේ කියනවා.

රහත් මුනිවරුන්ගේ අවබෝධය....

ඔයගොල්ලෝ දැකලා තියෙනවනේ රූකඩ සන්දර්ශන. රූකඩ වල අතපය නූල් වලින් ගැටගහලා මිනිස්සු කීප දෙනෙක් උඩ ඉඳන් ඒ නූල් ටික එහාට මෙහාට හරවනවා. බලන් ඉන්න අයට පේන්නේ රූකඩ අතපය හසුරුවනවා වගේ. ඒගොල්ලන්ට අර මිනිස්සුන්ව පේන්නෙ නෑ. ඒගොල්ලෝ ඉන්නේ තිරයකට වැහිලා. ඒ වගේ හිත විසින් හසුරුවන රූකඩයක් වගේ කියනවා මේ ශරීරය. ඒක ඒ උත්තමාවියට ඇතිවෙච්ච අවබෝධය. එහෙම අවබෝධයක් නොතිබෙන්න ඇහැ ගලවලා දෙන්න පුළුවන්ද?

දැන් බලන්න ඔන්න ඇහේ ස්පර්ශයෙන් විඳීම හටගන්නවා. කනේ ස්පර්ශයෙන් විඳීම හටගන්නවා.

නාසයේ ස්පර්ශයෙන් විඳීම හටගන්නවා. දිවේ ස්පර්ශයෙන් විඳීම හටගන්නවා. කයේ ස්පර්ශයෙන් විඳීම හටගන්නවා. මනසේ ස්පර්ශයෙන් විඳීම හටගන්නවා. හොඳට සිහිය පිහිටුවා ගෙන වේදනානුපස්සනාවේ යෙදෙන කෙනා තේරුම් ගන්නවා ස්පර්ශය ප්‍රත්‍යයෙන්මයි වේදනාව තියෙන්නේ කියලා. 'දැන් ඔන්න සැප විඳීමක් මං තුල හටගත්තා. ඔන්න දුක් විඳීමක් මං තුළ හටගත්තා. මේ වෙලාවේ මට මොකවත් සැප දුක් තේරෙන්නෙ නෑ. මට ඇහෙන් මේ රූපය දැක්කට පස්සේ සාමිස වූ සැප වේදනාවක් හටගත්තා. මට දැන් මේ භාවනාව කරගෙන යද්දි නිරාමිස සැප වේදනාවක් හටගත්තා' කියලා මේ විදිහට දකින්න පුළුවන් වේදනානුපස්සනාව දියුණු කළොත් පමණයි. නැත්නම් ඒක දැකගන්න ක්‍රමයක් නෑ.

ස්පර්ශය වෙනස් වෙනකොට විඳීමත් වෙනස් වෙනවා....

අශ්‍රැතවත් පෘථග්ජනයා ස්පර්ශය ප්‍රත්‍යයෙන් විඳීම හටගන්නවා කියලා දන්නෙ නැති නිසා එයා වේදනාව තමන් කියලා ගන්නවා. එහෙම නැත්නම් වේදනාවෙන් තමයි තමා හැදිලා තියෙන්නේ කියලා ගන්නවා. එහෙම නැත්නම් ගන්නවා තමන් තුළ තමයි සැප දුක් විඳීම් තියෙන්නේ කියලා. එහෙම නැත්නම් ගන්නවා වේදනාව තුළ තමයි තමන් කියලා කෙනෙක් ඉන්නේ කියලා. නමුත් මේ වේදනාව විපරිණාමයට පත්වෙනවා. අනිත්‍ය වෙලා යනවා. ස්පර්ශය වෙනස් වෙනකොට විඳීම වෙනස් වෙනවා. මේක කාටවත් වළක්වන්න බෑ.

ඔබ ඔන්න එක ඉරියව්වකින් ඉන්නවා. විනාඩි කීපයක් යනකම් ඒක පහසුයි. ඊටපස්සේ ඒ ඉරියව්ව ම අපහසු වෙනවා. එතකොට ඔබ ඒ ඉරියව්ව වෙනස් කරනවා. ඉරියව් වෙනස් නොවෙන්න නම් සිත එක අරමුණකට ගිහින් තියෙන්න ඕනෙ. එතකොට කය සැහැල්ලු වෙනවා. නැත්නම් කයේ පීඩාව දිගටම තියෙනවා. සිත එකඟ වෙච්ච ගමන් එක අරමුණකට යනවා හිත. හිත ඒ අරමුණේ වැඩ කරනකොට කය ගැන තේරුමක් නෑ. එතකොට සැහැල්ලුයි.

මාව ගොඩට ගනියව්....

මට මතකයි අපි ඔය ඉස්සර බෙහෙත් කරන්න ගියානේ ආණමඩුවේ. ඉතින් එහේදි සමහරුන්ව බෙහෙත් ඔරුවේ බස්සනවා. ඒ ඔරුවේ පුරවලා තියෙන බෙහෙත් රස්නෙයි. දවසක් එක දුවක් බස්සලා එයා හයියෙන් කෑගහනවා. බස්සපු අයටත් බනිනවා. හැමෝටම බනිනවා. තොපි මට ආදරේ නෑ.... ගොඩට ගනියව්... කියලා කෑගහනවා. අපිට පොඩි වෙලාවක් අව්වේ ඉන්න අමාරුයි. පොඩි වෙලාවක් රත්වෙච්ච පොළවක ඇවිදින්න අමාරුයි. මේ වේදනාව මෙහෙම නම් නිරයේ වේදනාව කොහොම ඇද්ද?

නිරය කියලා කියන්නේ උඩිනුත් වහපු යටිනුත් වහපු හතර පැත්තත් වහපු යකඩ පෙට්ටියක්. ඒ යකඩ පෙට්ටිය රත්වෙලා, ගින්දර වෙලා තියෙන්නේ රතුපාටට. ඒ මහා නිරය. ඒ යකඩ පෙට්ටිය ඇතුලේ තමයි නිරිසත්තු ඉන්නේ. ඒ පොළව රත්වෙලා චිරිස් චිරිස් කියලා පිච්චෙනවා. කොහේ දුවලා බේරෙන්නද? දුවලා එළියට යන්න තැනක් නෑනේ. උඩ බැලුවත් ගින්දර

වෙච්ච තහඩුව. හතර පැත්තෙත් එහෙමයි. දාස් ගාණක් ඒ ගිනිදැල් මැද්දෙන් දුවනවා. භාග්‍යවතුන් වහන්සේ වදාළා බොහෝ කාලයක් ගෙවුනට පස්සේ ඒගොල්ලන්ට පේනවා එක පැත්තට දොර ඇරිලා තියෙනවා. පෙනෙද්දි තරගෙට පොරකාගෙන දුවනවා. එතනට ළං වෙනකොට ආයෙ දොර නෑ කියනවා.

අරුම පුදුම සිදුවීමක්....

මේ ආත්මේ බේරිලා උන්නට අපි කවුරුත් කලින් සංසාරේ ඕවයේ හිටපු අයනේ. දැන් බලන්න සීවලී මහරහතන් වහන්සේගේ අම්මා සුප්පියා උපාසිකාව. ඇය සෝවාන් කෙනෙක්. සක්කාය දිට්ඨියෙන් තොර කෙනෙක්. දෙන්නත් එක්කම කරාපු පෙර කරුමයක් නිසා කර්ම විපාකය හැටියට දරුවා ලැබුනා බඩට. දැන් මව්කුසේ දරුවා ඉන්නවා. මාස දහයක් ගියා ඒත් මේ ළමයා හම්බ වෙන්නේ නෑ. මේ කාලේ නම් සිහිය නැති කරලා ගන්නවනේ. ඒ කාලේ එහෙම නෑ. කර්මානුරූපව එහෙම වෙනකොට වළක්වන්නත් බෑ.

ඊටපස්සේ මොකද වුනේ අවුරුදු හතයි, මාස හතයි, දවස් හතක් විසාල බඩක් එක්ක මේ අම්මා ඉන්නවා. අපි අහලා තියෙනවනේ මව්කුසේ දරුවා වැඩුනට පස්සේ ඒ දරුවා බිහිවෙන්න ඉස්සරවෙලා කර්මජ වාතය සෙලවෙනවා කියනවා. එතකොට අම්මට තේරෙනවා බඩේ බුරුලක්. එතකොට අම්මා දන්නවා දැන් බබා හම්බ වෙන්න ළඟයි කියලා. ඊටපස්සේ හනික ඒකට සූදානම් වෙනවනේ. ඉතින් මෙයාට එහෙම නෑ. දරුවා හම්බ වෙන්න හදනකොටම හිරවෙනවා.

ස්වාමියයි බිරිඳයි දෙන්නම සෝවාන්....

ඒ වෙලාවට ඇතිවෙන කැක්කුම සුළුපටු එකක්ද? මේ සුප්පියා උපාසිකාවත් සෝවාන් කෙනෙක්. ස්වාමියත් සෝවාන් කෙනෙක්. සක්කාය දිට්ඨියෙන් තොරයි දෙන්නම. භාග්‍යවතුන් වහන්සේව සිහි කර කර කුස අතගෑවා. 'අනේ බුදුරජාණන් වහන්සේ මෙබඳු සංසාරෙකින් එතෙර වෙන්නයි මේ ධර්මය කියාදුන්නේ.... මෙබඳු සංසාරයක නැවත නැවත උපදින මේ දුකින්නේ රහතන් වහන්සේලා නිදහස් වෙලා වැඩ ඉන්නේ..... කියලා මේ විදිහට බුදුරජාණන් වහන්සේ ගැන, සංඝයා ගැන මෙනෙහි කර කර අර දුක සමනය කරගත්තා.

බලන්න වෙනස. සමහර මැවුම්කාර ආගම් වල උගන්වන්නේ දරුවෝ බඩට දාන්නේ දෙවිවරු කියලනේ. ඔය ඉස්පිරිතාල වල වැඩ කරන අය මට කියලා තියෙනවා මැවුම්කාර ආගම් වල අය දරුවෝ ලැබෙන්න ආවට පස්සේ වේදනාව එනකොට ඒගොල්ලෝ අදහන දෙවියන්ට ම බනිනවලු ඇයි ඕකා මගේ බඩට මේ දරුවා දැම්මේ කියලා. බලන්න ඒ මාර්ගඵල ලැබූව එක්කෙනා ඉවසපු හැටි. මේ විදිහට වේදනාව අනිත්‍ය වෙද්දි සිත වෙනස් කරගන්නෙ නැතුව ඉන්නේ සෝවාන් වෙච්ච අය.

සඤ්ඤාව පිළිබඳ සක්කාය දෘෂ්ටිය....

ඊළඟට සඤ්ඤාව ගැනත් අර කියපු හතර ආකාරයට ම මුළාවෙන් දකිනවා. සඤ්ඤා කිව්වේ හඳුනගන්න දේ. අපි ඒ ඒ ඉන්ද්‍රියයන්ට ගෝචර වෙන හැම අරමුණක් ම හඳුනගන්නේ හැඩයෙන් සහ වර්ණයෙන්. මේ සඤ්ඤාව සම්බන්ධයෙනුත් පෘථග්ජනයා තුළ සක්කාය දිට්ඨිය

තියෙනවා. එයා සඤ්ඤාව තමා කියලා ගන්නවා. එහෙම නැත්නම් සඤ්ඤාවෙන් තමයි තමන් හැදිලා ඉන්නේ කියලා ගන්නවා. ඊළඟට සඤ්ඤාව තුළ තමයි තමන් ඉන්නේ කියලා ගන්නවා. එහෙම නැත්නම් තමන් තුළ තමයි සඤ්ඤාව තියෙන්නේ කියලා ගන්නවා. හැබැයි ඒ සඤ්ඤාව අනිත්‍යයි. වෙනස් වෙලා යනවා.

සඤ්ඤාව කොයිතරම් අනිත්‍යයිද කියන්නේ අපේ චූටි කාලේ පින්තූරෙකුයි දැන් පින්තූරෙකුයි අරගෙන බැලුවොත් හාත්පසින් වෙනස් නැද්ද? කාටවත් අඳුනගන්න පුළුවන්ද? මට මතකයි මම දවසක් ගියා පිළිකා රෝගියෙක් බලන්න. පිළිකා හැදුනහම පිළිකාවට බෙහෙත් කරද්දි කොණ්ඩෙ යනවනෙ. එයාගේ කලින් ගත්තු ලස්සන පින්තූරයක් ගහගෙන ඉන්නවා. ලස්සන නෝනා කෙනෙක් ඒ කාලේ. දැන් ඒ මුකුත් නෑ. ඒ රූපය වෙනස් වෙනකොට සඤ්ඤාව අනිත්‍ය වෙලා ගියා. නමුත් එයා ඒක තියන් ඉන්නවා මේ ඉන්නේ මම කියලා. නමුත් එහෙම කෙනෙක් එතන දැන් නෑ.

බලන් කඩතුරා හැර දෑසේ....

ඒ නෝනගේ එක ඇහැක් එළියට පැනලා දිවුල් ගෙඩියක් වගේ. දැන් බලන්න එහෙම වෙන ඇස්නේ අපි මේ පරිහරණය කරන්නේ. ඊළඟට ඇට සැකිල්ලක් වගේ ඇඟ. උගුරේ හිලක් තියෙනවා. ඒ හිලෙන් තමයි කෑමබීම දෙන්නේ. කතා කරන්න බෑ. ලියන්න පුළුවන්. අපි ගියපු වෙලාවේ අපිත් එක්ක හිටපු ඒ අක්කට එයා අතින් අඬගැහුවා. අඬගහලා ලියුම් කෑල්ලක් ලියලා දුන්නා. මොකක්ද ලියලා දුන්නේ රසට පොළොස් ව්‍යංජනයක්

අරන් එන්න කියලයි. තවමත් අපේක්ෂාව තියෙනවා අනේ රසට මොනවහරි කන්න ඕනෙ කියලා.

ඒ පිළිකා රෝගෙයි දෙන බෙහෙතුයි එක්ක කෑම කන්න බෑ. අප්පිරියාවක් එනවා. එතකොට මතක් වෙන්නේ අර කලින් කාපුවා. දැන් ඒ සඤ්ඤාව වෙනස් වෙලා. තමන්ගේ සඤ්ඤාවත් වෙනස් වෙලා. නමුත් මේ සඤ්ඤාව වෙනස් වෙච්ච බව තමන්ගේ හිත පිළිගන්නේ නෑ. ඇයි පිළිගන්නෙ නැත්තේ? සඤ්ඤාවෙන් දැක්කේ තමාව. එක්කෝ දැක්කේ සඤ්ඤාවෙන් හැදිච්ච තමාව. එහෙම නැත්නම් දැක්කේ තමන් තුළ තියෙන සඤ්ඤාව. එහෙම නැත්නම් දැක්කේ සඤ්ඤාව තුළ ඉන්න තමාව. සක්කාය දිට්ඨිය කියන්නේ ඒක.

මේ ආත්මේ නොලැබුණු දේවල් ඊළඟ ආත්මේ....

එහෙම වෙනකොට හිතෙන් අඬ අඬා ඉන්නවා. කටින් කියාගන්න බෑ. අපි දන්නෙ නෑ එයාගේ හිතේ මොනවා තියෙනවාද කියලා. හිත ඒ අනුකූලව පෙරලි පෙරලි තියෙනවා. ඊළඟට වෙන්නේ මොකක්ද මේ ආත්මේ ලබාගන්න බැරි දේවල් ඊළඟ ආත්මේ ලබන්න පතනවා. මේ ආත්මේ ආදරය ලැබුනෙ නැත්නම් ඊළඟ ආත්මේ ආදරය පතනවා. මේ ආත්මේ කැමතීම නැත්නම් ඊළඟ ආත්මේ කැමතීම පතනවා. මේ පැතීම කියන එක හැම තිස්සෙම තියෙන එකක්.

එක සිදුවීමක් තියෙනවා දුර්භික්ෂෙකට අහුවෙලා මුළු පවුලක් ම කන්න නැතුව, වතුර ටිකක් බොන්න නැතුව ඔහේ ඇවිදගෙන යන ගමන් එක ගෙදරකට ගොඩ

වෙනවා මොනවහරි කන්න ටිකක් ඉල්ලගෙන. ගොඩවෙද්දි ඒ ගෙදරට පසේ බුදුරජාණන් වහන්සේ නමක් දානෙට වැඩලා. එදා ඒ ගෙදර කිරිබතක් හදලා පසේබුදුරජාණන් වහන්සේට දානෙ දුන්නා. පසේබුදුරජාණන් වහන්සේ ඒ දානෙ වළඳලා ඉතුරු ටික කොල කෑල්ලකට දාලා ඒ ගෙදර හිටපු බැල්ලිට දුන්නා. දැන් අරගොල්ලෝ තාම කෑම කාලා නෑ.

සසරෙහි තිබෙන අනතුර....

ඒගොල්ලෝ දැන් බලාගෙන ඉන්නවා. පිපාසයෙන් බඩගින්නෙන් ඉන්න පිරිසක්. බලාගෙන ඉන්නේ කවුරු දිහාද? අර බත් කන බැල්ලි දිහා. බලන් ඉඳලා කල්පනා කරනවා අනේ මේ බැල්ලි හොඳට කාලා ඉන්නවනේ. අපිට ඒකත් නැහැනේ. ඊටපස්සේ ඒ ගෙදර අය මේගොල්ලන්වත් වාඩි කරවලා කන්න දුන්නා. දවස් ගාණකින් කෑමක් නැතුව හිටපු නිසා ඒ තාත්තා මොකද කළේ හොඳට බඩ පිරෙන්න කෑවා. කාලා වැඩිවෙලා මැරුනා. උපන්නෙ කොහෙද බැල්ලිගේ කුසේ. බලන්න ගියපු විදිහ.

ඔය වගේ ආහාර වල පණුවෝ වෙලා අපි කොච්චර උපදින්න ඇත්ද? අපි දන්නවද අපේ ඉතිහාසයේ අපි කොහොමද ඇවිල්ලා තියෙන්නේ කියලා? දැක්කද අර පේන එකත් එක්ක ගත්තු හැටි. හැබැයි සෝවාන් වෙලා හිටියා නම් එයා තමන් පිළිබඳව තෝරබේරග න්නවා මේකයි මේ තමන්ට වෙන්නේ කියලා. තෝරබේර ගන්න හැකියාවක් නෑ. පේන දේ ගන්නයි තියෙන්නේ. සඤ්ඤාව විනිවිද බලන්න නුවණින් පුළුවන්කමක් නෑ පෘථග්ජන කෙනාට. ඒ නිසා ඒකට අහුවෙනවා. දැන් අපි

මේ කාලේ සමහරවිට බත් විසි කරනවා. ඉඳුල් කියලා අපි බත් අහක දානවා. දුර්භික්ෂෙකට අහුවෙලා බලන්න ඕනෙ. බිමට වැටෙන බත්හුලට කොච්චර පොරකනවද? දුර්භික්ෂ වලට අහුවෙලා බලන්න ඕනෙ පිඟන් කෝප්ප වල තියෙන ඉඳුල් ටිකත් ලෙව කන හැටි.

පිනත් ගෙවිලා ඉවර වෙනවා....

ඒ නිසා අපිට මේ ලැබිලා තියෙන දේට අපි රැවටෙන්න සුදුසු නෑ මේවා නිත්‍යයි කියලා. අපිට දැන් කන්න බොන්න ලැබෙනවා. මොකක් හරි පිනක් නිසානේ මේ ලැබෙන්නේ. එතකොට මේ පින ගෙවිලා ඉවර වෙනවද නැද්ද? එතකොට මේ සඤ්ඤාවට අපි මුළා වෙලා හිටියොත් හැමදෑම මෙහෙම වෙයි කියලා ඒක අපේ අවබෝධය නැතිකම නේද? එහෙම වෙලා ඊටපස්සේ අපි ගිහිල්ලා උපදියි කොහේ හරි කන්න නැති තැනක. අපේ රටේ ඉතිහාසෙම දුර්භික්ෂ ඇතිවෙච්ච අවස්ථාවල් තියෙනවනෙ.

තීය කියන බ්‍රාහ්මණයාගේ කැරැල්ල ආපු කාලේ දොළොස් අවුරුද්දක් වැස්සත් නෑ. කන්න බොන්න නෑ. ඒ කාලේ හිටපු වළගම්බා රජ්ජුරුවොත් පැනලා ගිහිල්ලා. ඔක්කොම වෙහෙර විහාර පාලු වුනා. මිනිස්සු මැරිලා ගියා. අන්තිමට මිනිස්සු තමන්ගේ ම පවුලේ අය මරාගෙන කාලා තියෙනවනෙ. මේ අපේ රටේ. මහාවංශයේ තියෙනවා විස්තරේ. රහතන් වහන්සේලා දහස් ගණන් පිරිනිවන් පාලා තියෙනවා. තමන් හිතාගෙන හිටපු සඤ්ඤාව වෙනස් වෙද්දි පෘථග්ජනයාගේ ස්වභාවය අඬා වැලපෙන එකයි. තමන් කියලා හිතාගෙන ඉන්න දේ තමයි මේ වෙනස් වෙන්නේ. එතකොට අඬා වැලපෙනවා.

සංස්කාර පිළිබඳ සක්කාය දෘෂ්ටිය....

ඊළඟට අශ්‍රැතවත් පෘථග්ජන කෙනා **සංඛාරේ අත්තතෝ සමනුපස්සති.** සංස්කාරයන් තමාය කියලා ගන්නවා. සංස්කාර කියලා කියන්නේ මෙතන හය ආකාර චේතනා වලට. මොනවද ඒ? රූප සඤ්චේතනා. ශබ්ද සඤ්චේතනා. ගන්ධ සඤ්චේතනා. රස සඤ්චේතනා. ඵොට්ඨබ්බ සඤ්චේතනා. ධම්ම සඤ්චේතනා. දැන් ඔන්න ඇහැට රූපයක් පේනකොට ඉස්සෙල්ලාම හටගන්නේ විඤ්ඤාණය. කනට ශබ්දයක් ඇහෙනකොට ම ඉස්සෙල්ලාම හටගන්නේ විඤ්ඤාණය. නාසයට යමක් දැනෙනකොටම, දිවට යම් රසයක් දැනෙනකොටම, කයට පහසක් දැනෙනකොට ම, සිතට යමක් සිතෙනකොටම ඉස්සෙල්ලාම හටගන්නේ විඤ්ඤාණය.

එතකොට කරුණු තුනක් එකතු වෙනවා (ස්පර්ශය). ඇසයි රූපයයි විඤ්ඤාණයයි එකතු වෙනවා. කනයි ශබ්දයයි විඤ්ඤාණයයි එකතු වෙනවා. නාසයයි ගඳසුවඳයි විඤ්ඤාණයයි එකතු වෙනවා. දිවයි රසයි විඤ්ඤාණයයි එකතු වෙනවා. කයයි පහසයි විඤ්ඤාණයයි එකතු වෙනවා. මනසයි අරමුණුයි විඤ්ඤාණයයි එකතු වෙනවා. වේදනාව හටගන්නේ ඔය එකතුවෙන්. එකතුවෙච්ච ගමන් විඳීම හටගන්නවා. සඤ්ඤාව හටගන්නෙත් ඔය එකතුවෙන්. චේතනා පහළ වෙන්නෙත් ඔය ස්පර්ශය මුල් කරගෙනයි. මේ කරුණු හොඳට මතක තියාගන්න.

චේතනාව නමැති ඇන්ජිම....

ඔන්න නාමරූප ප්‍රත්‍යයෙන් හටගත්තු ඇහැක් තියෙනවා. ඒ ඇහැට රූපයක් පේනවා. එතකොට

ඉස්සෙල්ලාම විඤ්ඤාණය හටගත්තා. එතකොටම ඇහැයි රූපයයි විඤ්ඤාණයයි එකතු වුනා. එකතු වෙච්ච ගමන් විඤ්ඤාණය නිරුද්ධ වෙන්නේ නෑ. ස්පර්ශය හටගත්තට පස්සේ ඔන්න දැනෙන්න ගන්නවා විඳීම. ඒ වගේම අපි ඒක හඳුනගන්නවා. ඊටපස්සේ චේතනා පහළ වෙනවා. අන්න එතකොට ඇංජිම ක්‍රියාත්මකයි. චේතනාව තමයි ඇන්ජිම. ඒ චේතනාවක් පහළ කරලා ඇන්ජිම ස්ටාර්ට් කරපු ස්විච් එක මොකක්ද? ස්පර්ශය.

ස්පර්ශය හටගත්තු ගමන් රූපය අඳුනගත්තා. වින්දා. චේතනා පහළ කළා 'ආ මේ අරකනේ.... අරකිනේ අර.... ඕකි තමයි මං අල්ල ගන්න හිටියේ..... ආ ආ වරෙං ඕකි....' ඊටපස්සේ වැල වගේ එනවා ඔක්කොම. එහෙම තමයි වෙන්නේ. ඔන්න එකපාරටම ඇහැට පේනවා රසවත් කෑමක්. එතකොට හිතනවා 'ආ... මේ අරවනේ. මං කාලෙකින් කෑවේ නෑ....' ඔන්න චේතනාවක් හටගත්තා. ඊටපස්සේ බැලුවා සල්ලි නෑ. ඔන්න දැන් චේතනාව වැඩකරනවා. ඊටපස්සේ බලනවා අනේ කාගෙවත් පර්ස් එකක්වත් ගන්න ඇත්නම්..... ඔන්න දැන් හිත යන්නේ අනුන් සතු දේ පැහැර ගන්න. ඕන්න පැහැර ගන්නවා.

පෘථග්ජන මනසේ ස්වභාවය....

මේ ඔක්කොම චේතනාවෙන් වෙන්නේ. එහෙම නැත්නම් ඔන්න චේතනාවක් හටගන්නවා 'ආන්න අරුන් විසාල ගෙයක් හදලා.... නොදකිං..... ආන්න අරුන්ගේ ළමයි හොඳට ඉගෙන ගෙන..... අපේ එවුන්ට තමයි හොඳට ඉගෙන ගන්න බැරි.... අනේ මෙවුන්ට කොඩිවිනයක් වත් කරන්න කෙනෙක් නැනේ....' ඔන්න දැන් හිතෙනවා. මං මේ කියන්නේ සාමාන්‍ය පෘථග්ජන

මනුෂ්‍යයන්ගේ ස්වභාවය. ඒ චේතනා වලට අනුව හිතින් හිතනවා, වචනයෙන් කියනවා, කයින් කරනවා.

මේ විදිහට ඇහෙන් දැක්ක රූපය මුල් කරගෙන චේතනාව පහළ කරලා කර්ම රැස් කිරීමට කියනවා රූප සංචේතනා. කනින් අහන ශබ්දය මුල් කරගෙන චේතනා පහළ කරලා කර්ම රැස් කරන එකට කියනවා සද්ද සංචේතනා. නාසයට දැනෙන ගඳසුවඳ මුල්කරගෙන චේතනා පහළ කරලා කර්ම රැස් කරන එකට කියනවා ගන්ධ සංචේතනා. දිවට දැනෙන රසය මුල්කරගෙන චේතනා පහළ කරලා කර්ම රැස් කරන එකට කියනවා රස සංචේතනා. කයට දැනෙන පහස මුල්කරගෙන චේතනා පහළ කරලා කර්ම රැස්කරන එකට කියනවා ඵොට්ඨබ්බ සංචේතනා. මනසේ ඇතිවෙන අරමුණු මුල්කරගෙන චේතනා පහළ කර කර කර්ම රැස් කරන එකට කියනවා ධම්ම සංචේතනා.

කෙහෙල් ගහක් පතුරු ගැහුවා වගේ....

අශ්‍රැතවත් පෘථග්ජන කෙනා සංස්කාර තමා කියලා හිතනවා. එහෙම නැත්නම් හිතනවා මේ සංස්කාරයන්ගෙන් තමයි තමන් හැදිලා ඉන්නේ කියලා. එහෙම නැත්නම් හිතනවා සංස්කාර තුළ තමයි තමන් ඉන්නේ කියලා. එහෙම නැත්නම් හිතනවා තමන් තුළ තමයි මේ සංස්කාර තියෙන්නේ කියලා. නමුත් ඒ සෑම සංස්කාරයක්ම අනිත්‍ය වෙවී යනවා. ඔන්න කෙනෙක් ධාර්මිකව මුදල් උපයනවා. එයා පාලු ඉඩමක් අරන් පොල් ටිකක් හිටව ගන්නවා. මයියොක්කා ටිකක් හිටව ගන්නවා. කිරි අල ටිකක් හිටව ගන්නවා. ඊටපස්සේ විවාහ වෙලා දරුමල්ලෝ හදාගෙන ඉන්නවා.

ටික කලකින් ඔන්න ළමයි ලොකු වෙනවා. ළමයි ලොකු වෙලා දෙමව්පියන්ගෙන් බලෙන් මේවා ලියාග න්නවා. ලියාගත්තට පස්සේ ඒ දෙමව්පියෝ සෝකයට පත්වෙනවා 'අනේ මං හදාපු දේවල්.... මං ගත්තු ඉඩම.... මං හදාපු ගේ...... අන්න ලොකු පුතා අරගෙන ආපු එකී ගෙදර බලේ ඇල්ලුවා....' කියලා. ඔය වගේ දේවල් ඕනතරම් සිද්ධ වෙනවා ගෙවල්වල. මේ විදිහට සංස්කාර අනිත්‍ය වෙලා යනවා. ධර්මය තිබුනෙ නැත්නම් එයාට ඒක හඳුනගන්න බෑ.

අපි නැතුව බලමුකෝ කරන හැටි....

අපි කියමු මෙහෙම. ඔන්න වැඩසටහන් වලට කාලයක් තිස්සේ එන හොඳ කෙනෙක් ඉන්නවා. මහන්සි වෙලා, හොයලා බලලා වැඩත් කරනවා. ඔන්න සමිතියක් රැස්වෙනවා. රැස්වෙලා ඉන්න එක්කෙනාට අමාරුයි දැන් අයින් වෙන්න ඕනෙ කියලා කියනවා. එතකොට අපි කියනවා එහෙනම් ඔයා එන්න. කියලා ඔන්න එයාව අලුතින් සමිතියට ගන්නවා. එතකොට එයා ඒක සංස්කාරයක් හැටියට දැක්කේ නැත්නම් ටික කාලයක් ගියාට පස්සේ හිතනවා 'හඃ... අපි නැතුව කරයි වැඩ.... හා බලමු....' කියලා.

සංස්කාර තමා කියලා ගත්තු ගමන් සත්පුරුෂ භූමියට එන්න තියෙන අවස්ථාව ඇහිරිලා යනවා. දැන් මේ කියපු ඒවා අපිට සාමාන්‍යයෙන් ප්‍රකට දේවල්. අපට හොයාගන්න බැරි දේ තමයි විඤ්ඤාණය. විඤ්ඤාණය ගැනත් හතර ආකාරයකට සක්කාය දිට්ඨිය තියෙනවා. විඤ්ඤාණය තමන් කියලා ගන්නවා. එහෙම නැත්නම්

ගන්නවා විඤ්ඤාණයෙන් තමයි තමන් හැදුනේ කියලා. එහෙම නැත්නම් ගන්නවා විඤ්ඤාණය තුළ තමයි තමන් ඉන්නේ කියලා. එහෙම නැත්නම් ගන්නවා තමන් තුළ තමයි විඤ්ඤාණය තියෙන්නේ කියලා. එතකොට මොකද වෙන්නේ මේ විඤ්ඤාණය වෙනස් වෙද්දී එයා සෝක කරනවා. හඬා වැලපෙනවා.

විඤ්ඤාණයේ වේගවත් ක්‍රියාකාරීත්වය....

අපි මෙහෙම ගමු. දැන් ඔන්න ඔබ මේ ධර්මය අහමින් ඉන්නවා. ඔය අතරේ කවුරුහරි සීනුවක් ගැහුවොත් ඔබට ඒකත් ඇහෙනවා. ෆෝන් එකක් රින්ග් වුනොත් ඒකත් ඇහෙනවා. කවුරුහරි කෑගැහුවොත් ඒකත් ඇහෙනවා. ඔය අතරේ ස්පීකර්ස් මොනවහරි සද්ද කරගෙන ගියොත් ඒකත් ඇහෙනවා. ඒ ඔක්කොටම කන විවෘතයි. කනයි ශබ්දයයි විඤ්ඤාණයයි එකතු වෙච්ච එකතු වෙච්ච වාරයක් පාසා නේද ඒ ඇහෙන්නේ. එහෙනම් බලන්න කොච්චර වේගයෙන් මේ විඤ්ඤාණය වෙනස් වෙනවද.

මේ විදිහට ක්‍රියාත්මක වෙන විඤ්ඤාණයේ සැබෑ ස්වභාවය දන්නෙ නැති අශ්‍රැතවත් පෘථග්ජන කෙනා විඤ්ඤාණය තමන් කියලා ගන්නවා. තමන් හැදිලා ඉන්නේ විඤ්ඤාණයෙන් කියලා ගන්නවා. තමන් තුළ විඤ්ඤාණය තියෙනවා කියලා ගන්නවා. විඤ්ඤාණය තුළ තමන් ඉන්නවා කියලා ගන්නවා. නමුත් ඒ විඤ්ඤාණය වෙනස් වෙනකොට සෝක වැලපුම් හටගන්නවා. භාග්‍යවතුන් වහන්සේගේ ධර්මය අනුව මේ සක්කාය දිට්ඨියෙන් ඉන්න කෙනාට දුක මිසක් සැපක් නෑ.

නිවනත් එක්ක බලද්දි සියලු උපත් දුක්ඛිතයි....

දැන් අපි ගත්තොත් සතර අපායත් එක්ක සසඳා බලද්දි අපි මේ ඉන්න අවස්ථාව සැපදායකයි. දිව්‍ය ලෝකයත් එක්ක සසඳා බලද්දි අපි මේ ඉන්න අවස්ථාව දුක්ඛිතයි. දිව්‍ය ලෝකෙ මීට වඩා සැපදායකයි. බ්‍රහ්ම ලෝකත් එක්ක සසඳා බලද්දි දිව්‍ය ලෝක දුක්ඛිතයි. බ්‍රහ්මලෝක සැපදායකයි. නිවනත් එක්ක සසඳා බලද්දි සියලු උපත් දුක්ඛිතයි. එතකොට සැපදායක වෙන්නේ නිවනමයි. චතුරාර්ය සත්‍යය අවබෝධ නොකරන ගමන තුළ ලැබෙන එකම තෑග්ග දුක විතරයි.

තාවකාලිකව අපි මේ මනුස්ස ලෝකෙ මොනවහරි පොඩ්ඩක් කාලා බීලා ඉඳියි. ටික ටික වයසට ගිහිල්ලා ලෙඩ වෙලා හොඳට පොට්ටනි ගහගෙන මැරිලා යයි. ඊටපස්සේ කොහෙන් කොහෙන් මොන විදිහට අපේ ජීවිතේ ඉරණම හැදි හැදී යයිද කියලා අපි දන්නේ නෑ. සංසාරේ දිගින් දිගටම ඉන්න වුනොත් අන්‍යාගමික ආක්‍රමණ වලදී කී වතාවක් බෙලිකැපුම් කන්න වෙයිද කියලා අපි දන්නෙ නෑ. සත්තු වෙලා කී වතාවක් බෙලි කැපුම් කාලා මරණයට භාජනය වෙයිද කියලා අපි දන්නෙ නෑ.

නැවත නැවත ඉපදීම දුකක්....

බටහිර රටවල් වල මිනිස්සු මේ මොකවත් දන්නෙ නෑනේ. ඒගොල්ලෝ විශාල මැෂින් හදලා තියෙනවා. හරක් පැටියා ඉපදිලා ටික දවසකින් බෙල්ට් එකට දාලා වෙන තැනකට ගෙනියනවා. ගෙනිච්චට පස්සේ ඒ හරක්

පැටියා මුළු ජීවිත කාලෙම ඉන්නේ එතන. බෙල්ට් එකක් දිගේ තමන් ළඟට එන තණකොළ ටික කකා ඉන්නවා. බෙටි දාන ඒවා පිටිපස්සේ වෙනම කාණුවකින් යනවා. ඔය විදිහට ටික ටික ඒ හරකා තර වෙනවා. ඒ හරකා ලොකු වෙනකොට ඒගොල්ලෝ තීරණය කරනවා දැන් මූ මසට හරි කියලා. ඊටපස්සේ කෙලින්ම මැෂින් එකට යන්නේ. එළියට එන්නේ ටින්.

ඒ මැෂින් එක හදපු මනුස්සයා කී වතාවක් ඕකේ ඉපදිලා ඔතන්ට යයිද? බලන්න ඉස්සර අපේ රටේ තිබ්බ්ච රටාව. ඉස්සර නෑදෑගම් ගියාම අපි දකිනවා ගෙවල් වල වත්තේ ලොකු ගහක අත්තක තියෙනවා පොඩි කුකුලු කූඩුවක්. උන්ට ඒ කූඩුවට නගින්න ලණු ඉණිමගක් දාලා තියෙනවා. උගුඩුවෝ යයි කියලා රෑට ඒක අකුලනවා. ඉතින් ඒ කුකුල්ලු පවුල පිටින් ම පහළට ඇවිල්ලා, නිදහසේ කාලා බීලා, ඉර එළිය බලලා, සතුටෙන් ඉඳලා, බිත්තර දාන තැන් වල බිත්තර දාලා හවසට ආයෙ ගිහිල්ලා ඉන්නවා අර කූඩුව ඇතුලට වෙලා. කුකුලන්ට පවා බොහොම මනුස්සකම් ඇතුව සලකපු යුගයක් ඒ කාලේ තිබුනා.

එකම විසඳුමයි තියෙන්නේ....

මේ කාලේ ඔබ ඕනතරම් දැකලා ඇති වාහන වල චූටි චූටි පෙට්ටි වල චූටි චූටි කුකුල් පැටව් අරගෙන යනවා. ලොකු ට්‍රක් වලින් ඒ පෙට්ටි බාන්නේ හරියට වැලි බානවා වගේ. ගෙනිහිල්ලා ඔන්න දැල් ගහපු ගේකට දානවා. ඊටපස්සේ නිදහසේ ඇවිදින්න විදිහකුත් නැතුව ඒ කූඩුව ඇතුලෙම ලොකු වෙනකම් ඉඳලා එහෙමම මරණයට කැප වෙනවා. කීවතාවක් නම් ඕවායේ මිනිස්සු ඉපදි ඉපදි මැරෙනවා ඇද්ද? හොයාගන්න පුළුවන්ද?

බෑ. මේවා කවදාවත් මස්මාළු කෑම නවත්තලා විසඳන්න පුළුවන් ඒවා නෙමෙයි.

මේවා විසඳන්න තියෙන එකම ක්‍රමය තමයි එබඳු තත්වයට පත්නොවෙන්න සක්කාය දිට්ඨියෙන් බේරෙන එක. වෙන විසඳුමක් නෑ. මේක ආහාරපාන වලින් විසඳන්න බෑ. මේක නොකා නොබී ඉඳලා විසඳන්නත් බෑ. මේක විසඳන්න තියෙන්නේ අවබෝධයෙන්මයි. භාග්‍යවතුන් වහන්සේගේ ධර්මයෙන්මයි. මේ විදිහට නොයෙක් ආකාරයෙන් දුක් විඳ විඳ කොයිතරම් ආත්ම ගාණක් මේ සසරේ අපි ආවද කියලා අපි අපේ ඉතිහාසය දන්නෙ නෑ. මේ ධර්මය අවබෝධ නොකළොත් අනාගතයේ තව මොන මොන ආත්ම වල ඉපදි ඉපදි දුක් විඳ විඳ යන්න වෙයිද කියලත් අපි දන්නෙ නෑ.

ශ්‍රැතවත් ආර්ය ශ්‍රාවකයාගේ සම්මා දිට්ඨිය....

ඊළඟට සාරිපුත්ත මහරහතන් වහන්සේ නකුලපිතු ගෘහපතියාට වදාළා ගෘහපතිය, ශ්‍රැතවත් ආර්ය ශ්‍රාවකයෙන් ඉන්නවා. ශ්‍රැතවත් ආර්ය ශ්‍රාවකයා කිව්වේ ඇසූ ධර්මය වටහා ගත් තැනැත්තා. එයාගේ ස්වභාවය තමයි **අරියානං දස්සාවී** ආර්යයන් වහන්සේලා අඳුනනවා. **අරියධම්මස්ස කෝවිදෝ** ආර්ය ධර්මය තේරුම් ගැනීමට දක්ෂයි. **අරියධම්මේ සුවිනීතෝ.** ආර්ය ධර්මයේ හොඳට හික්මෙනවා. **සප්පුරිසානං දස්සාවී** සත්පුරුෂයන් වහන්සේලාව අඳුනනවා. **සප්පුරිසධම්මස්ස කෝවිදෝ** සත්පුරුෂ ධර්මය තේරුම් ගැනීමට දක්ෂයි. **සප්පුරිසධම්මේ සුවිනීතෝ** සත්පුරුෂ ධර්මයේ මනාකොට හික්මිලා.

ධර්මය දකිනකම් සත්පුරුෂයා කව්ද අසත්පුරුෂයා කවුද කියලා හොයන්න බෑ. ඔබ අහලා තියෙනවනෙ උපාලි ගෘහපතියා ගැන. උපාලි ගෘහපතිත් කලින් පෘථග්ජනනේ. එයා නිගණ්ඨනාතපුත්තගේ ශ්‍රාවකයෙක් හැටියටයි හිටියේ. ඒ කාලේ නිගණ්ඨනාතපුත්ත තමන්ගේ නිවසට එද්දි එයා කරේ දාගෙන හිටපු ලේන්සුවෙන් පුටුව පිහිදලා තෙල් කළයක් තියනවා වගේ කියනවා පුටුවේ ඉන්දවන්නේ. රහතන් වහන්ස, වැඩඉන්න කියලලු වාඩිකරවන්නේ. ඒකේ තේරුම මොකක්ද? ආර්යයන් වහන්සේලාව අඳුනන්නේ නෑ. සැබෑ ආර්යයන් වහන්සේව මුණගැහුනා. කවුද ඒ? බුදුරජාණන් වහන්සේව. එදා ආර්ය ධර්මය දැක්කා. සැබෑ සත්පුරුෂයන් වහන්සේව අඳුනගත්තා. සත්පුරුෂ ධර්මය දැක්කා. සත්පුරුෂ ධර්මයේ හික්මුනා.

රූපය පිළිබඳ සම්මා දිට්ඨිය....

ඒ ශ්‍රැතවත් ආර්ය ශ්‍රාවකයා **න රූපං අත්තතෝ සමනුපස්සති** රූපය තමන් කියලා ගන්නේ නෑ. **න රූපවන්තං වා අත්තානං** රූපයෙන් හටගත්තු තමා කියලා කෙනෙක් ඉන්නවා කියලා ගන්නේ නෑ. **න අත්තනි වා රූපං** තමන් තුළයි රූපය තියෙන්නේ කියලා ගන්නෙ නෑ. **න රූපස්මිං වා අත්තානං** රූපය තුළයි තමන් ඉන්නේ කියලා ගන්නෙ නෑ. ඒ නිසා රූපය අනිත්‍ය වෙනකොට මෙයා කලබල නැතුව ඉන්නවා.

ඊළඟට එයා වේදනාවත් තමා කියලා ගන්නෙ නෑ. අපි ගත්තොත් හොඳට සැපසේ හිටපු කෙනෙක් මහා දුක්ඛිත තත්වයකට පත්වෙනවා. එක්කෝ භයානක රෝගයක් හටගන්නවා. හටඅරගෙන මහා කායික දුක් පීඩාවකින් ඉන්නවා. එයා ධර්මය දැකපු කෙනෙක් නම්

ඒක වේදනාවක් හැටියට ගන්නවා මිසක් ඒක තමා හැටියට ගන්නෙ නෑ. එයා කම්පා නොවී ඉන්නවා. එහෙම නැත්නම් එයා හිතපු දේවල්, බලාපොරොත්තු වෙච්ච දේවල් ඔක්කොම වෙනස් වෙවී යනවා. සඤ්ඤාවල් අනිත්‍ය වෙනවා.

ආර්ය ශ්‍රාවකයා සෝක කරන්නේ නෑ....

ඉස්සර ලස්සනට කතා කරපු අය දැන් කතා නොකර ඉන්නවා. ඉස්සර මූණ බලලා හිනාවෙන අය දැන් අහක බලන් යනවා. ඉස්සර කරුණාවෙන් මෛත්‍රියෙන් කතා කරපු අය සැර කරලා කතා කරනවා. මේ වගේ සඤ්ඤාව වෙනස් වෙනකොට එයාගේ හිතේ සංකාවක් හටගන්නේ නෑ. පෘථග්ජන කෙනෙක් නම් කල්පනා කරන්නේ 'අනේ අරයා ඉස්සර මං දිහා හිනාවෙලා බැලුවා.... මාත් එක්ක කතා කොළා...... දැන් අහක බලාන යනවා.... මං කළ වරද මොකක්ද...?' කියලා අඬනවා.

සෝවාන් වෙච්ච කෙනා, සක්කාය දිට්ඨියෙන් තොර කෙනා සඤ්ඤාවක් වෙනස් වෙනවා කියලා තේරුම් ගන්නවා. හිත වෙනස් කරගන්නේ නෑ. ඒ වගේම ආර්ය ශ්‍රාවකයා සංස්කාර තමා හැටියට සලකන්නෙ නෑ. ඒ නිසා සංස්කාර වෙනස් වෙනකොට එයා සෝකයට පත්වෙන්නේ නෑ. එයා සංස්කාර දකින්නේ මම කියලා නෙමෙයි. මගේ කියලා නෙමෙයි. ඒක වෙනම දකින්නේ. එතකොට ඒක වෙනස් වුනා කියලා එයාට ඒ ගැන කම්පනයක් නෑ. ඊළඟට ආර්ය ශ්‍රාවකයා විඤ්ඤාණයත් තමා හැටියට දකින්නෙ නෑ. ඒ නිසා විඤ්ඤාණය වෙනස් වෙද්දි එයා සෝක නොවී ඉන්නවා.

අටලෝ දහමින් කම්පා නොවන ජීවිත....

බලන්න එතකොට මේ නිස්සෝකී භාවය, කම්පා නොවීම පටන් ගන්නේ සම්මා දිට්ඨියේ ඉඳලයි. සම්මා දිට්ඨිය ඇතිවෙනකම් ම සෝකය තමයි. සම්මා දිට්ඨියෙන් යුක්ත කෙනා වෙනස් වෙන දේවල් වෙනස් වෙද්දී කම්පාවක් නැති හිතක් පවත්වනවා. දැන් බලන්න බුද්ධ කාලෙ හිටපු භික්ෂූන් වහන්සේලා නන්නාඳුනන ගම්වල පිණ්ඩපාතේ වඩිනකොට ධර්මය ගැන අහපු නැති අය මොනතරම් නම් දේවල් කියලා බණිනවා ඇද්ද? කොච්චර නම් දානමාන වරදිනවා ඇද්ද? සමහර දවස්වලට ගස්ගල් යට ඉන්න වෙනවා. මඳුරුවෝ ගොඩේ ඉන්න වෙනවා. දැන් වගේ පහසුකම් නෑනේ ඒ කාලේ.

නමුත් එබඳු පරිසරයක පවා උන්වහන්සේලා කිසි කම්පාවක් නැති සිතින් වැඩසිටියා. මේ කාලේ ගොඩාක් පහසුකම් තියෙනවා. හැබැයි මේ පහසුකම් ඇවිල්ලා තියෙන්නේ මහ එක්කෙනාගේ සිදුරත් එක්කයි. අපි ගත්තොත් ෆෝන් එක. ෆෝන් එකේ මුලින් ම ආවේ අර ගඩොල් බාගේ වගේ ලොකු එක. එකෙන් පුළුවන් ඈත ඉන්න කෙනෙකුට දුරකථන ඇමතුමක් ගන්න විතරයි. ඊටපස්සේ ඒ ෆෝන් එක වැඩිදියුණු වෙලා ටික ටික පොඩි වෙලා පෙත්ත වගේ ආවා. දැන් ලෝකෙ තියෙන ඔක්කොම ජරාව ඒකේ තියෙනවා.

මාරයාගේ ආධිපත්‍යය....

සම්පූර්ණයෙන්ම මාරයාගේ අධිපතිබව තමයි දැන් ඒකේ තියෙන්නේ. කොම්පියුටරේ තියෙන්නෙත් මාරයාගේ අධිපතිබව. ටීවී එකේ තියෙන්නෙත් මාරයාගේ

අධිපතිබව. රේඩියෝ එකේ තියෙන්නෙත් මාරයාගේ අධිපතිබව. ඒවා අස්සෙන් තමයි දැන් බණ චුට්ටකුත් යන්නේ. එතකොට පුද්ගලයාට තියෙන්න ඕනෙ ලොකු වීරියක් අර බණ චුට්ට විතරක් අරගෙන ඉතුරු ඒවට අහු නොවී ඉන්න. වීරිය නොතිබුනොත් කොහෙන් කෙළවර වෙලා යයිද කියලා හිතාගන්න බෑ. ඇයි මේ ඇස කන නාසය දිව කය මනසත් මාරයාගේ මයි. එයාට සේනා දහයකුත් ඉන්නවනේ. බේරෙන්න තැනක් නෑ.

ඒ නිසා පින්වත්නි, මේක අපි හිතන තරම් බොහොම සරල දෙයක් පහසු දෙයක් නෙමෙයි. මේකට තමන් විසින් සංසාරයේ රැස් කරන ලද පිනක් ඕනෙ. ඒ පින අපිටත් තියෙන්න පුළුවන්. ඒ පින නෑ කියන්න බෑ. මොකද හේතුව මේ ආත්මේ අපිට කොහොම නමුත් ක්ෂණ සම්පත්තියක් ඇතිවුනාද නැද්ද? ඒ ක්ෂණ සම්පත්තිය ලැබුනේ අපිට පිනක් තිබුන නිසා නේද? එහෙනම් ඉතුරු ටිකටත් පිනක් තියෙන්න පුළුවන්. අපි ඒක එක එල්ලේම කියන්න දන්නෙ නෑ.

මේ ධර්මයේ ප්‍රතිඵල තියෙන්නේ වීරියවන්තයාටයි....

දැන් අපි හිතපු ඔන්න අපට බලාපොරොත්තු නොවුණු මැණික් ඉඩමක් හම්බ වුනා. හැබැයි මැණික් ලැබෙන්නේ හෑරුවොත් විතරයි. ඉඩමේ මැණික් තියෙනවා කියලා අපි කයිවාරු ගැහුවට මැණික් වලින් ලැබෙන ප්‍රයෝජනය අපිට නෑ. ඒ සඳහා වීරිය කරපු කෙනාට තමයි මැණික් හම්බ වෙන්නේ. ඒ වගේ කලාතුරකින් අපිට ඔන්න ක්ෂණ සම්පත්තිය ලැබුනා. ඒ කියන්නේ භාග්‍යවතුන්

වහන්සේව ගුණ වශයෙන් හඳුනාගත්තා. ඒ භාග්‍යවතුන් වහන්සේගේ ධාතු චෛත්‍යය දැකගත්තා. වැඳගත්තා.

ඒ භාග්‍යවතුන් වහන්සේ යම් වෘක්ෂයක් සෙවණේ සම්බෝධියට පත්වුනාද, ඒ වෘක්ෂය දැකගත්තා. වන්දනා කරගත්තා. පුදපූජා කරගත්තා. ඒ භාග්‍යවතුන් වහන්සේගේ සඟ පරම්පරාව දැකගත්තා. දානමාන පූජකරගත්තා. ඒ භාග්‍යවතුන් වහන්සේ සරණ යන්න ලැබුනා. මේ වගේ මහා දේවල් ගොඩක් කරගෙන තියෙනවා නේද අපි? ඒ වගේම භාග්‍යවතුන් වහන්සේ වදාළ ධර්මයත් විස්තර වශයෙන් අහන්න ලැබෙනවා. එහෙනම් සෑහෙන දේවල් අපට මේ බාහිර පරිසරයෙන් ලැබිලා තියෙනවා. සාමාන්‍යයෙන් කෙනෙකුට ලේසියෙන් ලැබෙන්නෙ නැති ගොඩාක් දේවල් ලැබිලා තියෙනවා.

මුළාවෙන් ගැලවෙමු....

මේවා ලැබෙන්න ඉස්සෙල්ලා අපි ජීවිතය කියලා හිතාගෙන හිටියේ කසාද බැඳලා, ළමයි ටිකත් එක්ක ගෙදරකට වෙලා, හොඳට උයලා පිහලා කාලා බීලා, නෑදෑයන්ටත් හොඳට සලකගෙන, ඉන්න එකනේ. ධර්මය හම්බ වුනාට පස්සෙනෙ අපි හරි විදිහට තේරුම් ගත්තේ මෙහෙම සසර ගමනක් තියෙනවා ය, මේ සසරින් නිදහස් වෙන්න මෙහෙම ධර්ම මාර්ගයක් තියෙනවා ය කියලා. නැත්නම් අපි කරන්නේ කාලෙකට ප්‍රසිද්ධ වෙන භික්ෂූන් වහන්සේ නමක් හොයාගන්නවා. ඇතැම් භික්ෂූන් වහන්සේලාත් පොඩි කාලෙකට ප්‍රසිද්ධ වෙනවා.

ඒ ප්‍රසිද්ධ එක්කෙනාට ප්‍රසිද්ධිය නිසා ලැබෙන දේවල් තියෙනවා. බණට ආරාධනා කරනවා. පන්සල්

වලට ගෙන්න ගන්නවා. එතකොට මෙයත් මොකක්හරි පිරිකරක් ලෑස්ති කරගන්නවා. ලෑස්ති කරගෙන බණට ගිහිල්ලා වාඩි වෙච්ච වෙලාවේ ඉඳලා හිතේ වැඩකරන්නේ අර පිරිකර පූජාකරගන්න අවස්ථාවක් ගන්නේ කොහොමද කියලා. ඔය අතරේ අර බණ ටිකක් අහලා, කොමිට් කෑලි මොනවහරි අහලා, හිනහ වෙලා ෂෝක් බණ ටික කියලා ඊටපස්සේ පොරකන්නේ පිරිකර පූජා කරන්න. ඊටපස්සේ අනිත් අයටත් කියනවා අපි අසවල් ස්වාමීන් වහන්සේගේ බණ ඇහුවා..... මං පිරිකරකුත් පූජා කරගත්තා..... කියලා එතනින් ඉවරයි.

සිතේ හැකියාව නරක පැත්තට හැරුනොත්....

දැන් අපි විස්තර වශයෙන් පටිච්ච සමුප්පාදය ගැන අහනවා. විස්තර වශයෙන් චතුරාර්ය සත්‍යය ගැන අහනවා. සසර ගැන අහනවා. මේවා අහනකම් මේ සසරේ ස්වභාවය මෙච්චර බැරෑරුම් කියලා අපිට තේරුනේ නෑ නේද? අපට මේ ගැන තනියම හිතන්න හැකියාවක් නෑ. හිතන්න හැකියාවක් නැති නිසා හිතන්න පෙළඹෙන්නෙ නෑ. අපේ හිතේ හැකියාව තියෙන්නේ ඒකට නෙමෙයිනේ. ඔන්න යමක් කඩාකප්පල් කරන්න වුනොත් හිතේ හැකියාව වැඩකරන්න ගන්නවා. මං අරකිට යහමින් පවුල් කන්න දෙන්නේ නෑ.... කියලා ඔන්න අදිෂ්ඨාන කරගන්නවා කියමු.

ඊටපස්සේ වාහන අරගෙන යන්නේ අර්බුද හදන්න. ගිහිල්ලා එක එක්කෙනා හම්බ වෙලා කියනවා 'ඔයගොල්ලෝ ඕකට ඔහොම කරන්න එපා... මෙහෙම

කරන්න.... ඔය පවුල කඩලා දාන්න...' කියලා. නරක දේට හොඳට හිත වැඩකරනවා. හොඳ දේට පේන්නෙ නෑ මොකක්ද හිතන්න ඕන රටාව කියලාවත්. අපට මේ සංසාරයේ මෙතෙක් කල් චතුරාර්ය සත්‍යය අවබෝධ කරන්න බැරිවුනේ මේ දුර්වලකම් නිසා. ඉදිරියටත් අපිට චතුරාර්ය සත්‍යය අවබෝධ කරගන්න බැරිවෙන්නේ අපේ දුර්වලකම් නිසා.

පින් බලයෙන් උවමනා තැනට ගෙනියනවා....

අපි චතුරාර්ය සත්‍යය අවබෝධ කරගන්න සුදුස්සන් වෙන්නේ මේ දුර්වලකම් මැඩගෙන කුසල් දියුණු කරගත්තු දවසටයි. මේ පින් බලය කියන දේ හරි පුදුම එකක්. පින් බලයෙන් ගානට ගෙනියනවා උවමනා තැනට. මම එක සිද්ධියක් කියන්නම් ඔබට. අතීතයේ සහෝදරයෝ තුන් දෙනෙක් මී පැණි කඩයක් දැම්මා. බාල සහෝදරයා තමයි කඩේ ඉඳගෙන මී පැණි වෙළඳාම් කරන්නේ. වැඩිමහල් සහෝදරයයි දෙවෙනියයි වනාන්තරේට ගිහිල්ලා මී වද කඩාගෙන පැණි අරගෙන එනවා. ඒ කාලේ හිටියා වැඩකාර කෙල්ලෝ කළම්ඩි කියලා. කළම්ඩි කියන්නේ කළේ අරගෙන වතුර ගේන දාසි.

දවසක් ඒ කිට්ටුව පාත ගෙදරක දාසියක් වතුර ගේන්න යන ගමන් දැක්කා පසේබුදු රජාණන් වහන්සේ නමක් හැන්දෑවේ පිණ්ඩපාතේ වඩිනවා. දැකලා කළේ පැත්තකින් තියලා වන්දනා කළා. වන්දනා කරලා ඇහුවා 'ස්වාමීනී, මේ විකාලයේ පිඬුසිඟා වඩින්නේ ඇයි?'

කියලා. එතකොට උන්වහන්සේ කියනවා 'පින්වතිය, අපගේ සහෝදර මුනිවරයන් වහන්සේ නමකට අසනීප වෙලා. මම මේ උන්වහන්සේට බෙහෙත් පිණිස මීපැණි ටිකක් හොයාගෙන යන ගමන්' කිව්වා.

මට මුළු දඹදිව ම රජකම ලැබේවා...!

එතකොට මේ වැඩකාර කෙල්ල අර මීපැණි කඩේ පෙන්නලා කිව්වා 'ස්වාමීනී, ආන්න අතන මීපැණි කඩයක් තියෙනවා. එතනට වඩින්න' කිව්වා. කියලා කෙල්ල බලාගෙන හිටියා. බලාගෙන ඉඳලා කල්පනා කළා 'එතනින් මී පැණි නොදුන්නොත් මං ණයක් වෙලා හරි මීපැණි පූජා කරනවා' කියලා. ඉතින් පසේබුදු රජාණන් වහන්සේ ඒ මීපැණි කඩේ ඉදිරියට වැඩියා. උන්වහන්සේගේ ශාන්ත භාවයට, සන්සුන් භාවයට අර තරුණයාගේ හිත පැහැදුනා. පැහැදිලා මීපැණි අරගෙන ඇවිල්ලා පාත්තරේ පිරෙන්න දැම්මා. පාත්තරේ පිරිලා මීපැණි බිමටත් වැටුනා.

දැන් මේ තරුණයාට හරී සතුටුයි. වන්දනා කරලා කියනවා 'ස්වාමීනී, මේ මීපැණි පිදූ අනුහසින් මට දඹදිව රාජ්‍යය ලැබේවා! අහසෙත් පොළවෙත් යොදුනක් දුරට මගේ ආඥාව පවතීවා' කිව්වා. පසේබුදු රජාණන් වහන්සේ එයාට සෙත් පතලා මීපැණි පාත්තරෙත් අරන් වැඩියා. ටික වෙලාවකින් අනිත් සහෝදරයෝ දෙන්නාත් මීවද අරගෙන ආවා. ආවට පස්සේ කිව්වා 'අයියණ්ඩි, දැන් ටිකකට ඉස්සෙල්ලා ශ්‍රමණයන් වහන්සේ නමක් වැඩියා. උන්වහන්සේට මං මීපැණි පූජා කළා. ඔය දෙන්නත් අනුමෝදන් වෙන්න' කියලා කිව්වා.

පැතූ පැතුම් ඉටුවුනා....

එතකොට වැඩිමලා 'ඔය ශ්‍රමණ ශ්‍රමණ කිව්වට කවුද දන්නේ.... කහවත් පොරවගෙන සැඩොලුත් ඉන්නවා නොවැ. සැඩොලෙක්දැයි කවුද දන්නේ' කියලා ඇහුවා. දෙවෙනියා කිව්වා 'අනේ උඹේ ඔය ශ්‍රමණයන් වහන්සේව මුහුදෙන් එතෙරට දාපන්' කිව්වා. ඊටපස්සේ මල්ලි ආයෙ ආයෙත් කරුණු කිව්වා. එතකොට පැහැදිලා අනුමෝදන් වුනා. අර කෙල්ල පසේබුදු රජාණන් වහන්සේ ආපහු වඩිද්දි දුවගෙන ඇවිල්ලා 'ස්වාමීනී, මීපැණි හම්බ වුනාද?' කියලා ඇහුවා. හම්බ වුනා කිව්වා.

අර බාල කොලුවගේ ප්‍රාර්ථනය ගැනත් කිව්වා. 'එහෙනම් ස්වාමීනී, ඒ බාල කොලුවාගේ බිසව වෙන්න මට ලැබේවා. මගේ අත්පා හන්දි වල ඇට ඉස්මතු වෙලා නොපෙනේවා' කියලා ප්‍රාර්ථනා කළා. එතනින් ඒ කතාව ඉවරයි. කාලයක් ගතවුනා. ඔන්න පැණි පූජ කරපු එක්කෙනා ඉපදිලා ඉන්නවා දඹදිව අශෝක රජ්ජුරුවෝ වෙලා. වැඩකාර කෙල්ල ඉන්නවා අසන්ධිමිත්‍රා බිසොව වෙලා. මුහුදෙන් එතෙරට විසි කරපං කියපු එක්කෙනා ඉපදිලා ඉන්නවා ලංකාවේ දේවානම්පියතිස්ස රජ්ජුරුවෝ වෙලා. අශෝක රජ්ජුරුවන්ගේ වැඩිමහල් සහෝදරයා සුමන තමයි ඒ කාලේ යුවරජ්ජුරුවෝ. අශෝක දෙවෙනියා. අශෝක බලය අල්ලලා සුමනව මැරුවා.

රැස් කරනා පින - එයි පසුපස්සේ....

සුමන යුවරජ්ජුරුවන්ගේ බිසවුන් වහන්සේ පැනලා ගියා. ඒ වෙද්දි ඒ බිසව බඩදරු අම්මා කෙනෙක්. පැනලා යද්දි හම්බ වුනා සැඩොල් ගමක්. ඒ සැඩොල්

ගමේ තිබිච්ච නුග වෘක්ෂයක හිටපු දේවතාවෙක් දැක්කා මහාබලසම්පන්න දරුවෙක් මේ බිසවුන් වහන්සේගේ කුසේ ඉන්නේ. දේවතාවා ගෙයක් මවලා 'නැගනිය, ඇවිල්ලා මේකේ පදිංචි වෙන්න....' කිව්වා. ඒ ගෙදරට ඇතුළු වෙච්ච දවසෙම දරුවා උපන්නා. නම තිබ්බා නිග්‍රෝධ කියලා.

මේ දරුවා පස්සේ කාලෙක පැවිදි වුනා. අශෝක රජතුමා බුද්ධ ශාසනයට පැහැදුනේ ඒ නිග්‍රෝධ සාමණේරයන් වහන්සේගෙන් බණ අහලයි. එදා පසේබුදු රජාණන් වහන්සේට සැදොලෙක්ද දන්නෙ නෑ කියලා කියපු නිසා සැදොල් ගමක උපන්නා. පින පලදුන්නා තම තමන්ගේ ක්‍රියාවට අනුරූපව. ඉතින් ඒ නිසා අපි මේ වෙහෙස මහන්සි වෙලා රැස්කරන්නා වූ පින ඔබ සියලු දෙනාටත් අප සියලු දෙනාටත් මේ ගෞතම බුද්ධ ශාසනයේ චතුරාර්ය සත්‍යය ධර්මය අවබෝධ කිරීම පිණිස ම උපකාර වේවා!

සාදු! සාදු!! සාදු!!!

✹ ✹ ✹

මහාමේඝ ප්‍රකාශන

- **ඉංග්‍රීසි භාෂාවට පරිවර්තනය වී ඇති ධර්ම දේශනා ග්‍රන්ථ :**

- **ඉංග්‍රීසි භාෂාවට පරිවර්තනය වී ඇති සදහම් සිතුවම් පොත් :**

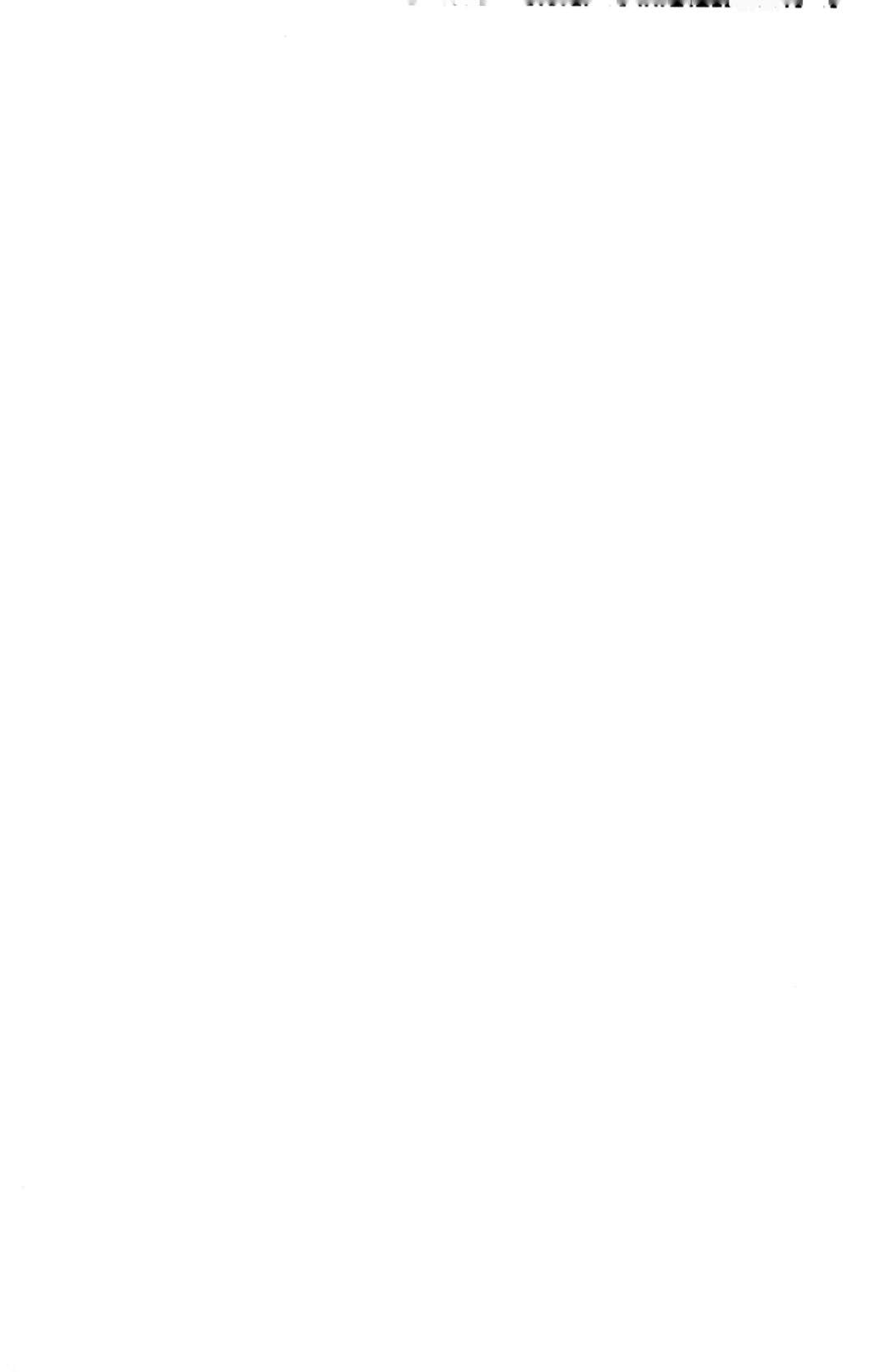

www.ingramcontent.com/pod-product-compliance
Lightning Source LLC
Chambersburg PA
CBHW070532030426
42337CB00016B/2182